Guardias civiles
30 años de lucha por sus derechos

PEDRO J. CARMONA ADRIÁN Y
PAULA CUESTA SORIANO

Guardias civiles, 30 años de lucha por sus derechos

ALMUZARA

Primera edición: marzo de 2025

Editorial Almuzara • Colección Sociedad Actual
Editora: Rosa García Perea
Maquetación: Miguel Andréu

www.editorialalmuzara.com
pedidos@almuzaralibros.com - info@almuzaralibros.com

Editorial Almuzara
Parque Logístico de Córdoba. Ctra. Palma del Río, km 4
C/8, Nave L2, nº 3. 14005 - Córdoba

Imprime: Liberdigital
ISBN: 978-84-10523-13-5
Depósito: CO-264-2025
Hecho e impreso en España - *Made and printed in Spain*

A José Morata, cuyo valor y dedicación en la búsqueda de justicia y democracia dentro de la Guardia Civil alumbró el camino hacia la modernización y el reconocimiento de los derechos fundamentales para los hombres y mujeres que componen la institución. Con este libro, se quiere dedicar su incansable lucha y valentía a la de aquellos que, como él, se enfrentaron a adversidades inimaginables por defender las libertades y mejoras sociolaborales de sus compañeros. Que su historia inspire a futuras generaciones a continuar la batalla por la búsqueda de derechos, la dignidad y la democratización en la Guardia Civil. Aunque el camino hacia la justicia pueda estar lleno de obstáculos, la perseverancia y la convicción son las verdaderas llaves para abrir las puertas del cambio.

Índice

PRÓLOGO

Treinta años han pasado desde aquel día en que un grupo de valientes y comprometidos demócratas guardias civiles se unieron para formar la Asociación Unificada de Guardias Civiles (AUGC), en sus inicios bajo la denominación de Coproper-6J. En este tiempo, hemos sido testigos de innumerables cambios, desafíos y logros que han marcado la transformación de la Guardia Civil y de la sociedad misma.

Como secretario general de la AUGC, es un honor para mí escribir este prólogo por todo lo que significa formar parte de esta organización y aquello que representa. Desde los primeros días de nuestra asociación hasta el presente, nos hemos enfrentado a desafíos considerables y hemos superado obstáculos con determinación y coraje.

Desde su fundación, AUGC ha sido un faro de esperanza para los guardias civiles y sus familias, un símbolo de unidad que nunca ha permanecido inerme contra las injusticias. AUGC ha sido catalizador de una transformación exitosa dentro de la Guardia Civil, luchando incansablemente por los derechos, la dignidad y el reconocimiento de todos sus miembros.

Desde sus humildes comienzos, hasta convertirse en una voz influyente y respetada en el ámbito de la seguridad pública, la asociación ha demostrado una y otra vez su compromiso con el servicio a la ciudadanía y con los derechos sociolaborales de los guardias civiles como profesionales de la seguridad pública. Cada paso adelante ha sido el resultado del esfuerzo colectivo y la determinación de todos quienes conformamos esta asociación.

A lo largo de estas tres décadas, AUGC ha mejorado las condiciones sociolaborales, promovido la igualdad y fortalecido la profesionalidad de los guardias civiles. Que este libro sea un testimonio de esos momentos, un tributo a todos los hombres y mujeres que han contribuido a construir y fortalecer esta organización a lo largo de los años. Han sido años de lucha, de resistencia frente a una persecución en muchos casos desproporcionada y de sacrificio, pero con el firme convencimiento de que la razón siempre ha estado de nuestro lado. También han sido años de victorias, de avances y de orgullo por pertenecer a una asociación que defiende con firmeza los valores de la lucha contra la corrupción, la justicia, la libertad y la democracia.

En este trigésimo aniversario, es momento de mirar hacia atrás con gratitud por todo lo alcanzado, pero también de mirar hacia delante con renovado compromiso y determinación. AUGC sigue siendo necesaria; sigue siendo vital para lograr poner fin a todos aquellos agravios que aún sufren los miembros de la Guardia

Civil. Que este prólogo sirva como tributo a todos aquellos que han contribuido a construir y fortalecer esta gran organización, así como un compromiso de que la lucha por un futuro mejor nunca termina.

Que este libro también sirva como inspiración para las generaciones presentes y futuras de guardias civiles, animándonos a seguir adelante con coraje, honor y convicción, y recordándoles que, aunque el camino pueda ser difícil, nunca estarán solos mientras tengan a AUGC a su lado.

Con gratitud por el pasado, con esperanza en el futuro y con orgullo por todo lo que hemos logrado juntos, los invito a sumergirse en las páginas de este libro y a unirse a nosotros en la celebración de treinta años de historia, de servicio y de compromiso.

Juan Fernández
Secretario general de AUGC

CAPÍTULO I

DÉCADA DE LOS SETENTA. MANIFESTACIÓN DE LA SEGURIDAD SOCIAL

La figura del guardia civil que inició su andadura con la firma del mariscal de campo don Francisco Javier Girón y Ezpeleta, II duque de Ahumada, bajo el reinado de Isabel II en 1844, con la esencia de que la «Guardia Civil sirviera a España y los españoles independientemente de la forma política que el país quisiera adoptar», quedaba ya muy atrás en los años setenta.

España se encontraba en un momento de transición. El propulsor del Régimen Franquista, Francisco Franco había muerto en 1975. Y a partir de ese momento el país empezaría a dar un vuelco de 180 grados hacia la democratización. Poniéndose en marcha un proceso de creación del Estado de Bienestar, que sustituía al Estado de Asistencia Social, el cual se venía desarrollando durante el franquismo.

Este nuevo Estado estaba constituido por la existencia de políticas de protección social, es decir un sistema fiscal moderno y progresivo. A través del cual se pusieron en marcha una serie de reformas tales como la atención sanitaria, la garantía del sistema de pensiones, el aumento de edad en la enseñanza obligatoria, entre otros avances. Junto a estos avances existieron sombras, algunas de ellas se solventaron a través de acuerdos políticos como el *Pacto de Toledo* en el que se mantenía la edad legal de jubilación a los 65 años.

Si bien, los guardias civiles creyeron que ellos también podían conseguir salir de esa sombra y llegar a un acuerdo con el nuevo gobierno socialista de Felipe González.

La situación del guardia civil como trabajador se encasillaba en la de un militar cuyo sueldo medio giraba en torno a siete mil pesetas brutas al mes. A esta situación había que restarle los gastos por vivir en régimen interno y militar, así como los gastos de limpieza, de luz, etcétera.

La Seguridad Social era algo ilusorio, así como el derecho a vacaciones y turnos de trabajo. En ocasiones, se cumplían servicios de 48 horas seguidas. Todo ello venía asignado por su condición de militar y no como profesional del orden público. Además, los miembros del Cuerpo que no vivieran en ciudades con hospital militar estaban desasistidos de seguro médico; de esta forma, tenían que mendigar la asistencia sanitaria rural.

Mientras tanto, el país se veía sumergido en un clima de transición en los que se dejaba atrás una dictadura y prosperaba la democracia, un entorno donde los guardias civiles empiezan a ver un ápice de esperanza por conseguir los derechos que tanto ansiaban.

Es entonces cuando, a partir de aquí, algo se activa dentro de diferentes grupos de guardias civiles y, de forma totalmente clandestina, comienzan a movilizarse para reivindicar una serie de medidas que los amparasen como trabajadores. El temor a las posteriores represalias para aquellos organizadores de las protestas era inmenso y, además, sabían que llegarían.

Se reivindicaban subidas salariales (el sueldo de un guardia civil medio giraba en torno a siete mil pesetas en bruto al mes), Seguridad Social (sí, los miembros del Cuerpo que no vivieran en ciudades con hospital militar estaban desasistidos de seguro médico: tenían que mendigar la asistencia sanitaria rural y no ser considerados como soldados, sino como agentes del orden).

EL 18 DE DICIEMBRE DE 1976 ESTALLÓ EL CONFLICTO

A primera hora de la mañana del día 6 de diciembre de 1976, un grupo de agentes de la Policía Armada y Guardia Civil se reunieron en la Casa de Campo de Madrid, como si de algo ilegítimo se tratara, para acordar llevar a cabo una manifestación en la vía pública el día 18 de ese mismo mes, más conocida como Manifestación de la Seguridad Social.

Al día siguiente, se empezaron a dar consignas por las emisoras de los vehículos policiales de forma constante: «Todos a la plaza de Oriente, el día 18 a las once horas». Los organizadores sabían lo que se jugaban. Estaban sometidos a la disciplina castrense y un acto semejante podría ser considerado como rebelión militar.

No obstante, se apreciaba una gran determinación por parte de los organizadores. Y, en la mañana del 18 de diciembre, aproximadamente, cuatrocientos miembros de las Fuerzas y Cuerpos de Seguridad del Estado se concentraron a las once de la mañana en la plaza de Oriente de Madrid, donde celebraron una asamblea, en la que se eligieron dos vocales representativos, uno por cada uno de los cuerpos; se leyó un manifiesto y, posteriormente, marcharon en manifestación cruzando Madrid, hasta llegar frente al Ministerio de la Gobernación.

Agentes de la Policía Armada (hoy Policía Nacional) y Guardia Civil se lanzaron a la calle para reivindicar el derecho a ser acogidos en el régimen de la Seguridad Social.

Para los convocantes, sus reivindicaciones eran esencialmente laborales. Entre ellas, se incluía el deseo de ser considerados profesionales del orden público y no soldados.

Entre otras demandas, destacaban las siguientes:

—Aumento lineal de 10 000 pesetas (el sueldo de un policía o guardia civil ascendía a unas 7000 pesetas en bruto que, con los descuentos, se quedaba en unas 4000 al mes).

—Ser acogidos en el régimen de la Seguridad Social a partir de enero de 1977.

—Igualdad con la misma base en la percepción de trienios, sin diferencia de escalas ni categorías.

—Cien por cien del salario real al llegar a la jubilación.

—Revisión del sistema de vacaciones y turnos de trabajo (carecían del derecho a vacaciones y cumplían servicios de hasta cuarenta y ocho horas seguidas).

—Revisión del Reglamento de 1930, en el que se los conceptuaba como soldados y no como profesionales del orden público.

—Que no hubiera represalias por las peticiones.

En 1978, se aprueba la Constitución. España pasa de ser un régimen dictatorial a una democracia, pero, para los guardias civiles, la democracia se queda a las puertas de los cuarteles.

La represión no se hizo esperar. Doscientos guardias civiles fueron detenidos, expedientados y recluidos en los sótanos de la Dirección General del Cuerpo, cuyos calabozos no pudieron albergar a todos los sediciosos, por lo que muchos fueron trasladados a Aranjuez y a la Academia de Valdemoro. La mayoría de ellos fueron expulsados de la Benemérita aunque, tras la tramitación de recursos contencioso-administrativos, pudieron reingresar en el instituto en virtud de sentencias judiciales.

La mayoría de los expedientados sufrieron traslados indiscriminados, como al País Vasco.

El Gobierno, que también se negaba a reconocer esta lucha, finalmente concedió a los funcionarios de la Benemérita y de la Policía el derecho a acogerse a los beneficios del Régimen General de la Seguridad Social y se produjo una subida sustancial salarial para todos, aunque unos cuantos guardias valientes pagaran un alto precio por su osadía.

Es, a partir de este momento, cuando empieza a germinar un sentimiento sindicalista y su consecuente persecución dentro de la Guardia Civil.

CAPÍTULO II

DÉCADA DE LOS OCHENTA. NACE EL SUGC Y SE DESPLIEGA LA OPERACIÓN COLUMNA

Llegan los años ochenta y España se ve envuelta en un momento en el que la tensión y la violencia estaban muy latentes, debido a la inestabilidad política en la que estaba sumergida el país y la amenaza de varias bandas terroristas que actuaban de forma violenta movidas por intereses políticos.

Pero el estallido llega el 23 de febrero de 1981, cuando la democracia queda pendiente de un hilo al producirse un golpe de Estado en el Congreso de los Diputados.

Tras esta combinación de terrorismo y golpismo, la democracia consigue sobrevivir y ese mismo año se legalizan los partidos políticos. La sociedad comienza a vivir una evolución con avances democráticos.

Mientras tanto, los guardias civiles ven un ápice de esperanza y comienzan a organizarse arraigados en los sentimientos sindicalistas que se iniciaron con la Manifestación de la Seguridad Social, cinco años atrás.

Cuatro años más tarde, se prueba la Ley Orgánica 11/1985, del 2 de agosto, de Libertad Sindical, en la cual se reconoce el derecho a la libertad sindical como un derecho fundamental de «todos a sindicarse libremente», fijándose en su artículo primero lo siguiente: «Quedan exceptuados del ejercicio de este derecho los miembros de las Fuerzas Armadas y de los Institutos Armados de carácter militar».

Sello del Comité Ejecutivo Nacional del SUGC

El año siguiente trae consigo una serie de acontecimientos, que marcan un punto de inflexión en la historia del Sindicato Unificado de la Guardia Civil (SUGC). Se aprueba la Ley Orgánica 2/1986, del 13 de marzo, de Fuerzas y Cuerpos de Seguridad. Así, la Policía Armada (hoy Policía Nacional) consiguió la desmilitarización, clasificándose como policía civil. En cambio, la Guardia Civil queda excluida y continúa su naturaleza militar.

Los guardias civiles empiezan a organizarse, de forma que se da comienzo en 1986 a lo que sería el SUGC.

Mientras tanto, el Comité Ejecutivo del SUGC comienza a trabajar posibles vías para desmilitarizar el Cuerpo. El 21 de mayo de 1986, alrededor de 23 sindicalistas de otras tantas provincias del SUGC se reunen en un hotel en Madrid para celebrar su primer congreso. En este congreso se fijó como objetivo prioritario «la democratización del Cuerpo» ya que actualmente existe un importante foco de involucionismo y corrupción y sus intenciones son trasladar al presidente del Gobierno, Felipe González, la peticiones de que el sindicato fuera legalizado, la desmilitarización de la Guardia Civil y que esta fuese dirigida por un civil. Además se reclaman otras cuestiones como la dependencia exclusiva del Ministerio del Interior y no de Defensa, el abandono progresivo de los mandos militares antidemocráticos y de los que no deseen pertenecen a un cuerpo policial, supresión del código disciplinario militar ya que, en tiempos de paz la Guardia Civil no debe depender de la justicia militar y la unificación con la Policía Nacional.

El SUGC decide buscar apoyo social a través de la prensa, remite sendas cartas a los diferentes partidos políticos ya fuesen de izquierdas o de derechas para transmitir a las fuerzas parlamentarias sus reivindicaciones e invitar a un profundo y exhaustivo debate que aborde los problemas del Cuerpo y se plantea al gobierno socialista de Felipe González, la llamada *Operación Hermenegilda* que recogía vías legales para llevar a cabo esta desmilitarización. A cambio, solo obtuvieron unas declaraciones públicas por parte del presidente que negaban la existencia de sindicalistas en la Guardia Civil.

Estas declaraciones provocaron una dura reacción por parte del sindicato clandestino de la Guardia Civil, sobre quienes solo buscaban derechos laborales desde la ilegalidad y la democratización de la Guardia Civil.

La verdad no tardó en salir a la luz. La actividad sindicalista había conseguido expandirse a lo largo de varios puntos del territorio, donde guardias civiles apoyados por sus familiares y amigos actuaban movidos por la decepción de un Gobierno al que se le había llenado la boca de falsas promesas, prometiendo cambios en la sociedad española y dejando claro que los guardias civiles no entraban dentro de sus planes.

El Sindicato expandió su actividad por Andalucía, Extremadura, Comunidad Valenciana, Cataluña, Asturias, País Vasco, La Rioja, Navarra, Galicia y Aragón. El núcleo duro del sindicato se encuentra en Andalucía, el Sindicato Unificado de Policía (SUP) que daba apoyo logístico se encargaba también de gestionar los problemas jurídicos de los guardias civiles. El funcionamiento del sindicato era plenamente clandestino, los comités provinciales recibían nombres propios de personas para garantizar mayores cotas de seguridad.

De esta forma la actividad quedaba dispersa en varios puntos del territorio y así evitaban centralizarla en Madrid. Esquivando así las sospechas de la Dirección General que creía que utilizarían la capital para infiltrar tapas en la Organización.

Ese mismo año, la Dirección General de la Guardia Civil, movida por los recelos, crea una Unidad de Servicios Especiales (USE); formada por un grupo de élite del Cuerpo especializado en la lucha antiterrorista y operaciones «sensibles», con el fin de formar una red de espionaje en aquellos puntos donde se conocía que la actividad sindicalista estaba más latente: es decir, guardias civiles investigando a sus compañeros, poniendo así en la misma línea al terrorismo y al sindicalismo. Si no existían sindicalistas en el Cuerpo, ¿cómo sabían a quién poner en el punto de mira?

OPERACIÓN COLUMNA: «LA BÚSQUEDA DE SINDICALISTAS EN LA GUARDIA CIVIL»

Finalizando el período de los ochenta, la Dirección de la Guardia Civil orquesta toda una operación para dar caza a aquellos que habían provocado el desconcierto dentro de la institución. El sindicalismo dentro de la Guardia Civil era ya un secreto a voces y no quedaba más remedio que reconocerlo.

En los últimos meses el SUGC estaba dando pasos de gigante. Había logrado el apoyo de un gran número de organizaciones sociales y políticas. Sindicatos policiales como el SUP o el Sindicato Democrático de la Policía, partidos como el CDS, IU o el PTE, y el respaldo de los sindicatos CCOO y UGT.

Es así como en 1988 se crea la Operación Columna; diseñada a través de una serie de operativos como si de terroristas se trataran, con el objetivo de acabar con el movimiento sindical clandestino en el Cuerpo. Esta operación fue la mayor red de espionaje del Estado hacia los guardias civiles.

El 15 de septiembre de 1989 se pone en marcha el plan recogido a través de una serie de documentos secretos. Luis Roldán (director de la Guardia Civil por aquel entonces), años más tarde, concede una entrevista en su casa al guardia civil José Piñeiro (objetivo número 13 de la Operación), en la que enseña estos documentos confidenciales que nunca habían visto la luz, y de los que hoy día tenemos conocimiento gracias a que, mientras se desarrollaba la entrevista entre el guardia civil y el exdirector, la mujer de Piñeiro se encargó de fotocopiarlos en la copistería más cercana al domicilio de Roldán en Zaragoza.

Aquellos documentos lo confirmaban todo y daba la razón a aquellos que se habían tomado por locos. La Guardia Civil empleó grandes recursos, incluso se infiltraron a los propios guardias civiles para que vigilaran a sus compañeros y se llevaron a cabo muchas acciones operativas fuera de la legalidad. Las emboscadas estaban diseñadas por jueces ligados a la Dirección General de la Guardia Civil que aconsejaban la provocación de delitos. De esta manera los agentes implicados se hacían pasar por falsos periodistas y animaban a los portavoces del Sindicato a convocar ruedas de prensa para proceder a su detención.

Las ruedas de prensa fueron un punto clave, ya que los guardias civiles salían ante los medios encapuchados y con el característico tricornio encima del pasamontañas y en la mesa colocaban una pancarta en la que aparecían las siglas S.U.G.C.

Esta imagen impactó de una manera muy significativa porque tenía cierta similitud a la imagen de los comunicados de la banda terrorista ETA. La estampa de alguna manera transmitía la situación de estos guardias civiles de una forma satírica. Guardias civiles encapuchados por reclamar derechos como trabajadores.

A pesar de los esfuerzos, la Guardia Civil no fue capaz de descifrar del todo al SUGC y su *modus operandi*. Solo tenían un par de nombres, pero algo clave como es la comunicación entre ellos era algo que se les escapaba de las manos. Los guardias civiles utilizaban vías telefónicas indirectas a través de teléfonos de sus vecinos, amigos, familiares, cabinas públicas, etc., cambiando de localidad en algunas ocasiones. En ocasiones, se llegó a utilizar el criptógrafo ideado por Borja y Morata: un cuadrante con el alfabeto completo, en el que cada letra equivalía a un símbolo e incluso a una letra distinta.

La situación era todavía más complicada para la investigación porque la actividad siempre estuvo fraccionada. Los documentos secretos detallaron la situación actual en la que se recogía que «Las informaciones obtenidas han confirmado el que los objetivos fijados son los jefes de los Comités más activos del movimiento sindical clandestino».

Entonces la Operación tuvo que segmentar núcleos y comités y tener un despliegue en cada uno de ellos y averiguar cómo trabajaban en cada uno de ellos según sus circunstancias y situación geográfica.

En primer lugar, se centraron en el Comité Ejecutivo Nacional Provisional, considerado como «el más radical del movimiento» según los documentos de la Operación. Tuvo origen en el despacho del abogado D. José María Díaz del Cubillo, en Zaragoza el 3 de diciembre de 1989. Estaba integrado por los comités de Navarra, La Rioja, Euskadi, Galicia, Aragón y Asturias.

Después le sucedía el Núcleo Centro-Este, al que consideraban como el más activo. Extendido por Madrid, Toledo, Castellón, Valencia y Tarragona.

El resto de actividad se extendió por los Comités de Badajoz, Lérida, Melilla, Galicia y las Islas, pero la Guardia Civil no los consideraba amenaza.

Comité de Melilla, al que se consideraba aislado por razones geográficas. «Mantiene relaciones escasas con los de Málaga y Almería que se encuentran en estado de consolidación. La falta de espacio vital para desarrollar su acción obliga a sus componentes a celebrar las reuniones en NADOR (Marruecos) lo que los hace extremadamente vulnerables».

Comités de Vigo-Pontevedra y Vizcaya. Los documentos solo reflejaron que su actividad era escasa, sin entrar en más detalles como en los anteriores.

En el proceso también se mencionaron otros comités a tener en cuenta, como los comités de Palma de Mallorca y Las Palmas de Gran Canaria, que según apuntaban, por el momento, no ofrecían preocupación.

Tras situar los objetivos, pretendían actuar en diferentes fases. Primero, se centrarían en el Núcleo Centro-Este, para recabar toda la información posible y proceder a la detención de los dirigentes por sedición. Después, aplicaron el mismo protocolo de manera parcial en los comités de Melilla y Lérida. Más tarde, pretendían sorprender al Comité Ejecutivo Nacional Provisional en su asamblea de abril o en su congreso de septiembre. Y, finalmente, pondrían en marcha un plan de limpieza en los demás comités, que cerraría lo que sería el desarrollo de la Operación.

El desarrollo de la Operación se planteó en primer lugar con un plan a «medio plazo» que iniciaba así:

«Visto el estado actual de los diferentes núcleos, comités y grupos que configuran el panorama del movimiento sindical en la Guardia Civil, este SCI (Servicio Central de Información de la Guardia Civil) tiene, a medio plazo, el propósito de:

1) Ejercer el esfuerzo informativo principal sobre el Núcleo Centro-Este consiguiendo el que, tras la obtención de pruebas judiciales individuales que lo conforman, se consiga la reunión de éstos, en número superior a cuatro, en un punto de las provincias de Madrid, Castellón o Tarragona, para sorprenderlos tipificando plenamente el delito de sedición.
2) Plantear, simultáneamente, dos operaciones parciales en Melilla y Lérida para conseguir la detención de los componentes de los respectivos comités. en Melilla, cuando se reúnan en NADOR para lo que se cuenta con la colaboración de los Servicios de Contrainteligencia marroquís, y en Lérida con motivo de una presentación del comité a los m.c.s. (Medios de Comunicación Social)
3) Sorprender al Comité Ejecutivo Nacional Provisional en su asamblea de abril, preferentemente, o en su congreso de septiembre.
4) Efectuar, posteriormente, operaciones de limpieza en los demás casos con excepción del de Badajoz ya que se tratará de detener al Gua. 2º Linde Falero (Objetivo número 3 de la Operación).»

En los documentos también se detallan una serie de procedimientos por los cuales los dirigentes de la Operación situaron a los miembros del sindicato. Era evidente que la comunicación no era tan directa y segura como en la actualidad, entonces la Guardia

Civil se centró en los medios de comunicación por los que se comunicaban los guardias civiles.

Los guardias civiles empleaban los números de teléfono de sus vecinos en viviendas particulares o los de algún familiar. Por lo que se procedió a pinchar un número importante de líneas telefónicas.

Mediante correos, aquí toman el papel protagonista las esposas que se encargaban de contratar apartados en las administraciones de Correos de la localidad donde residían y que además cambiaban cada mes.

Por otra parte, se dieron cuenta que los objetivos aprovechaban las horas en que se encontraban francos de servicio, para ausentarse de su residencia y «partían el camino que les separa de sus corresponsales si estos pertenecen a Comandancias limítrofes». En otros casos, se desplazaban a la localidad de destino de la persona con la que deseaban entrevistarse haciendo uso de permisos de 72 horas y, en algún caso excepcional, «por circunstancias que han estimado urgentes, han cambiado el servicio que pudiera corresponderles con otros compañeros de célula, o simplemente con el imaginaria, alegando indisposiciones transitorias».

Las mujeres vuelven a mencionarse en los escritos: «la mayor parte de esposas de miembros del movimiento sindical clandestino cooperan, activamente, con sus maridos sirviéndoles de enlaces o efectuando reconocimientos previos de itinerarios ante sus citas orgánicas».

Y además, detectaron que para determinadas reuniones los miembros adoptaban extraordinarias medidas de seguridad llegando incluso a formar varios cinturones de control y seguridad enlazados entre sí radio telefónicamente.

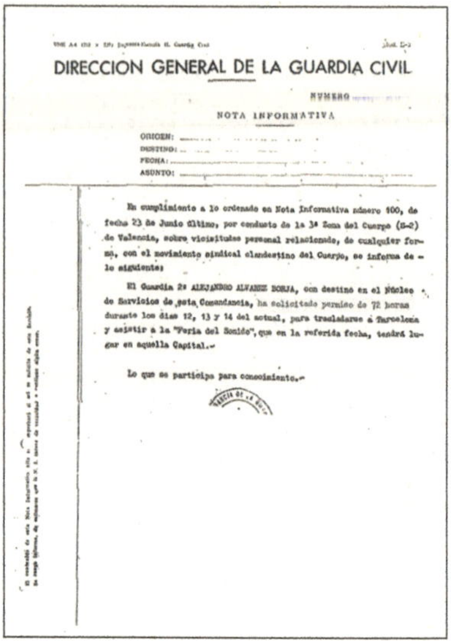

DIRECCION GENERAL DE LA GUARDIA CIVIL

NUMERO

NOTA INFORMATIVA

ORIGEN:
DESTINO:
FECHA:
ASUNTO:

En cumplimiento a lo ordenado en Nota Informativa número 100, de fecha 23 de Junio último, por conducto de la 3ª Zona del Cuerpo (S-2) de Valencia, sobre vicisitudes personal relacionado, de cualquier forma, con el movimiento sindical clandestino del Cuerpo, se informa de lo siguiente:

El Guardia 2º ALEJANDRO ALVAREZ BORJA, con destino en el Núcleo de Servicios de esta Comandancia, ha solicitado permiso de 72 horas durante los días 12, 13 y 14 del actual, para trasladarse á Barcelona y asistir a la "Feria del Sonido", que en la referida fecha, tendrá lugar en aquella Capital.-

Lo que se participa para conocimiento.-

Nota informativa DGGC de la solicitud de permiso de 72 horas de Alejandro Borja.

En cuanto a la actitud de los dirigentes de los Comités, la Guardia Civil consideró que tomaron como estrategia la «provocación directa» aplicando la presentación pública, y sin ocultación de personalidades, de componentes del movimiento sindical clandestino en número tal que impida la adopción, por parte del Mando, de medidas disciplinarias efectivas sin que ello suponga un fuerte costo político a las Autoridades del Gobierno.

Como conclusión, el SCI agrupó las peticiones que consideró «banderas reivindicativas», en el anexo nº 2 debido a su volumen, para dar una visión actual y globalizada.

Aunque infirió que las esenciales afectan a la naturaleza del Cuerpo y por lo tanto eran inaceptables. Pero existían algunas peticiones accesorias que, a juicio de ese S.C.I., deberían ser estudiadas y atendidas en los posible.

El anexo nº2 recogía las reivindicaciones en cinco bloques:

ESTRUCTURALES

—Desmilitarización de la Guardia Civil con inclusión de sus miembros en el Grupo "C" de Funcionarios y adecuación de toda la legislación vigente a la nueva situación.
—Libertad de Expresión y de petición, individual y colectiva, con derecho a asociarse y sindicarse.
—Incremento de la plantilla presupuestaria hasta 100.000 hombres.
—Unificación con el Cuerpo Nacional de Policía.

ECONÓMICAS Y LOGÍSTICAS

—Abono de los atrasos que se adeudan de dietas e indemnización por conceptos de traslado así como cobro anticipado de los devengos extraordinarios que correspondan antes de la realización que los provoquen.
—Remuneración económica de los permisos que no se concedan por razones de servicio y percepción de pluses por penosidad, peligrosidad, nocturnidad y servicios durante días festivos.
—Voluntariedad en la pertenencia a la Asociación Mutua Benéfica y a la participación en los Socorros de los asociados en el control y gestión de los fondos.

—Participación de los usuarios en el control de los beneficios que obtengan las cocinas, bares y economatos de las Unidades, gestión de las mismas y prohibición de que sean atendidas por personal en situación de actividad.

—Prohibición de emplear personal en misiones que entrañen el ejercicio de funciones ajenas al más estricto servicio policial (ordenanzas, conductores, cocineros, jardineros,etc.).

—Correcto mantenimiento del parque de vehículos de servicio, con obligación de someterlos a las inspecciones técnicas periódicas que, reglamentariamente, deben efectuar los órganos habilitados a tal fin por el Ministerio de Industria.

—Desaparición de las Casas-Cuartel y su concepto, con inspecciones sobre la habitabilidad de gran número de las mismas por autoridades de higiene y urbanismo ajenas al Cuerpo y no participación de los componentes del Instituto en las gastos de limpieza, conservación y mantenimiento de las dependencias oficiales.

SOBRE NORMATIVA DE SERVICIO Y RÉGIMEN INTERIOR

—Exigencia de 37,5 horas semanales de servicio, entendiendo como tales todos los actos inherentes a la profesión.

—Derecho a circular libremente, por todo el territorio nacional, cuando se esté franco de servicio, y a residir en el lugar que voluntariamente se desee.

—Normativa justa y clara para adjudicación de destinos.

—Demanda de un trato humano, digno y profesional por parte del Mando, evitando el despotismo y la arbitrariedad.

SOBRE FORMACIÓN

—Exigencia del BUP para el ingreso en el Cuerpo y dotar de un profesorado con mejor formación y preparación a los centros de enseñanza, especialmente, a la Academia de Úbeda.

—Erradicar las irregularidades en los exámenes de acceso a la escala de Suboficiales.

—Desaparición de las academias diarias con sus tareas de partes, casos prácticos y atestados sobre hechos ficticios, organizando cursos de reciclaje o preparación específica en centros dignos y con profesorado adecuado.

RELATIVAS A TEMAS PUNTUALES

A) Sobre problemática en el País Vasco y Navarra:

—Permanencia en las Unidades que guarnecen el País Vasco y Navarra, exclusivamente con carácter voluntario.

—Revisiones psiquiátricas periódicas, con carácter obligatorio, a todos los miembros del Cuerpo destinados en la zona, considerando el denominado "síndrome del Norte" como una enfermedad real.

—Reducción de los servicios del Cuerpo en la zona y, como consecuencia, disminución progresiva de las plantillas de las Unidades afectadas.

B) Sobre la problemática en el resto de España.

— Conforma una extensa relación de reivindicaciones que versan sobre hipotéticas corrupciones de algunos Jefes y Oficiales, uso indebido de medios y efectos del servicio por parte de mandos, irregularidades administrativas de diferentes y conductas reprochables de diferentes miembros del Cuerpo.

Alejandro Álvarez Borja, en la cárcel de Cartagena

Cárcel de Alcalá Meco. Militantes del SUGC Junio 1990.
De izquierda a derecha J- Salazar (USO), Manuel Rosa Recuerda, Carlos Solas (USO), Jose Luis Espino, Jose Manuel León Serralbo, Juan Antonio Cillan Esteban, Manuel Zagirre (USO), Jose Morata Gargallo, Miguel García García, Fernando Cordero

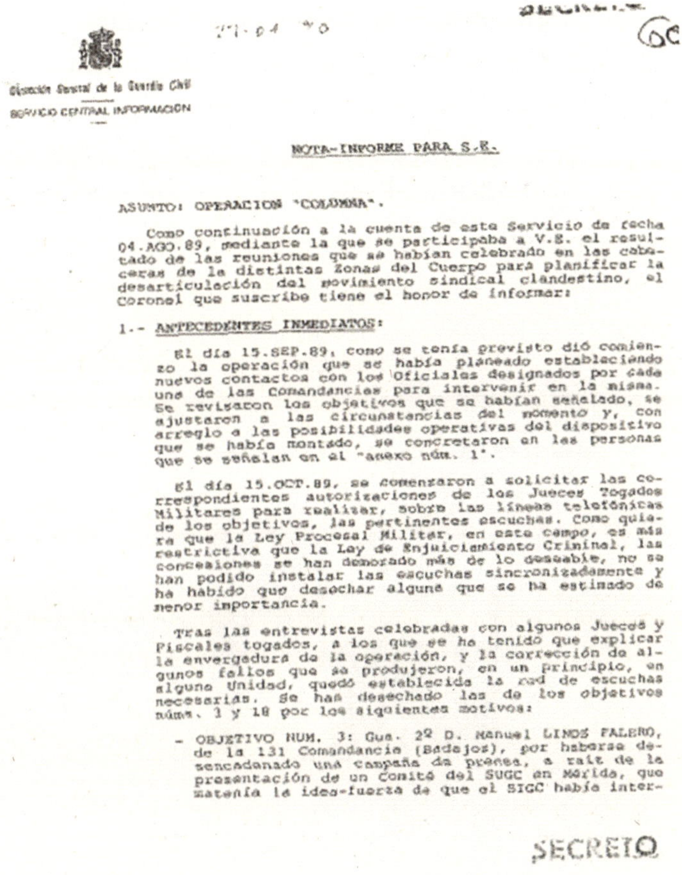

Dirección General de la Guardia Civil

SERVICIO CENTRAL INFORMACION

SECRETO

NOTA-INFORME PARA S.E.

ASUNTO: OPERACION "COLUMNA".

Como continuación a la cuenta de este Servicio de fecha 04.AGO.89, mediante la que se participaba a V.E. el resultado de las reuniones que se habían celebrado en las cabeceras de la distintas Zonas del Cuerpo para planificar la desarticulación del movimiento sindical clandestino, el Coronel que suscribe tiene el honor de informar:

1.- ANTECEDENTES INMEDIATOS:

El día 15.SEP.89, como se tenía previsto dió comienzo la operación que se había planeado estableciendo nuevos contactos con los Oficiales designados por cada una de las Comandancias para intervenir en la misma. Se revisaron los objetivos que se habían señalado, se ajustaron a las circunstancias del momento y, con arreglo a las posibilidades operativas del dispositivo que se había montado, se concretaron en las personas que se señalan en el "anexo núm. 1".

El día 15.OCT.89, se comenzaron a solicitar las correspondientes autorizaciones de los Jueces Togados Militares para realizar, sobre las líneas telefónicas de los objetivos, las pertinentes escuchas. Como quiera que la Ley Procesal Militar, en este campo, es más restrictiva que la Ley de Enjuiciamiento Criminal, las concesiones se han demorado más de lo deseable, no se han podido instalar las escuchas sincronizadamente y ha habido que desechar alguna que se ha estimado de menor importancia.

Tras las entrevistas celebradas con algunos Jueces y Fiscales togados, a los que se ha tenido que explicar la envergadura de la operación, y la corrección de algunos fallos que se produjeron, en un principio, en alguna Unidad, quedó establecida la red de escuchas necesarias. Se han desechado las de los objetivos núms. 3 y 18 por los siguientes motivos:

- OBJETIVO NUM. 3: Gua. 2º D. Manuel LINOS FALERO, de la 131 Comandancia (Badajoz), por haberse desencadenado una campaña de prensa, a raíz de la presentación de un Comité del SUGC en Mérida, que matenía la idea-fuerza de que el SIGC había inter-

SECRETO

Hoja del dosier de la Operación Columna aportado por el exdirector Luis Roldán al agente Piñeiro años más tarde, cuando ya no estaba en el cargo.

Un año más tarde, se ordena el arresto simultáneo de entre diez y quince guardias civiles dirigentes sindicales y su entrega a la justicia militar, acusados de un supuesto delito de sedición militar contra el orden público, un delito castigado con penas de ocho a doce años de prisión. En la lista, se recogía a los agentes que consideraban como «más peligrosos por su total implicación, ideología irrecuperable y especial grado de preparación». Entre ellos, se encontraba el sargento José Morata, el cabo Manuel Rosa y los guardias civiles José Piñeiro y Alejandro Borja.

ESPAÑA

Se cancelan las detenciones, aunque fueron identificados los asistentes al congreso

Interior excarcelará próximamente a todos los miembros del SUGC, excepto al cabo Manuel Rosa

El Ministerio del Interior proyecta la excarcelación de todos los miembros del Sindicato Unificado de la Guardia Civil que se encuentran en prisión por realizar actividades sindicales clandestinas. Del proceso quedará excluido el cabo Manuel Rosa, promotor del SUGC, quien probablemente abandone la prisión después del verano, más tarde que sus compañeros. También se han cancelado las detenciones, aunque Interior tiene identificados a la mayoría de los asistentes al congreso constituyente del sindicato.

«Topos» en el SUGC, a pesar de las precauciones

Un rosario de denuncias

A la vez, se seleccionó a un grupo más numeroso de miembros del movimiento «de menor peligro potencial para ejercer sobre ellos las correcciones disciplinarias a que se hubieran hecho acreedores». Esto se traducía en una guerra sucia, con imputaciones por posesión y contrabando de drogas, internamientos en centros psiquiátricos o cambios forzosos de destino alejados de sus familias.

El objetivo número 2 de la lista fue José Morata, detenido mientras tomaba café con un periodista en una cafetería como presunto autor de sedición militar. Tras su puesta en libertad, se ordena su expulsión del Cuerpo y, aunque en un principio recurrió la sentencia militar, años más tarde fue expulsado sin retorno hasta la actualidad, momento en el que a Morata no le tiembla la voz ni un solo segundo al afirmar que lo volvería a hacer, a sabiendas de las duras consecuencias.

Finalmente, ya entrados los noventa, concretamente en el mes de junio de 1991, la Dirección General de la Guardia Civil daba por concluida la Operación Columna.

¿Indicaba el cierre de la Operación una desarticulación definitiva del sindicalismo en la Guardia Civil?

LOS FLECOS DE LA OPERACIÓN

Detrás de estos guardias civiles, se encontraba una red compuesta por familiares, vecinos y amigos que apoyaban la causa y actuaban por sus maridos, padres o amigos guardias civiles hasta donde ellos no podían llegar en la lucha por sus derechos. Ellos se encargaban de manifestarse públicamente y de hacer llegar a los medios las informaciones necesarias para que se hiciera eco.

Guardias civiles portavoces del Sindicato encapuchados durante una rueda de prensa.

En los documentos secretos de la Operación, se reflejaba cómo los miembros del Sindicato se comunicaban a través de teléfonos de bares, cabinas, familiares y vecinos, que fueron víctimas de escuchas telefónicas y, en ocasiones, vigilados. Después de concluir la operación, se abrió una nota-informe en la que se ordenaba abrir otras cuatro operaciones parciales contra los flecos del movimiento sindical.

Incluso se llegaron a crear asociaciones compuestas por mujeres de estos guardias civiles que, además, constaban en los informes secretos de la Operación. Considerando que la Organización actuaba como pantalla al Sindicato, hasta llegaron a estudiar acciones legales contra estas, aunque nunca se llegaron a aplicar.

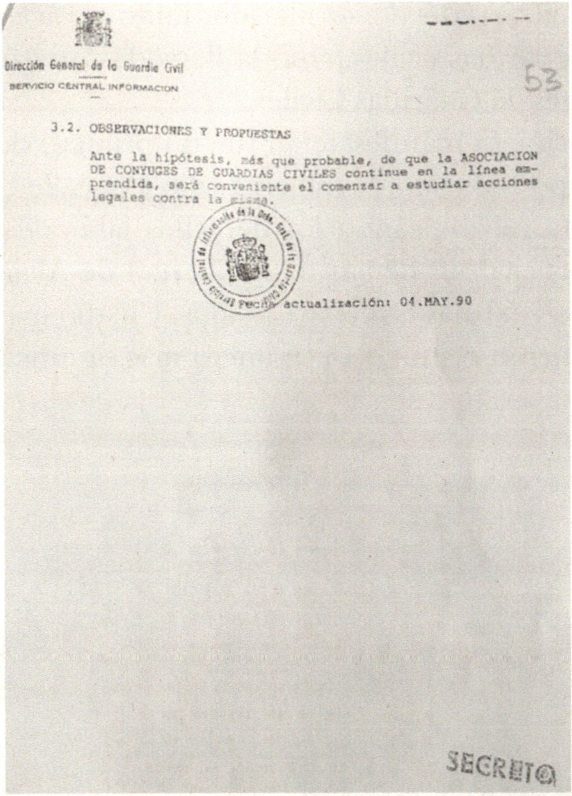

Dirección General de la Guardia Civil
SERVICIO CENTRAL INFORMACION

53

3.2. OBSERVACIONES Y PROPUESTAS

Ante la hipótesis, más que probable, de que la ASOCIACION DE CONYUGES DE GUARDIAS CIVILES continue en la línea emprendida, será conveniente el comenzar a estudiar acciones legales contra la misma.

Fecha actualización: 04.MAY.90

SECRETO

ASOCIACIÓN DE CÓNYUGES DE GUARDIAS CIVILES

Vértebra en Castellón

Elena Martínez, mujer de Alejandro Borja, uno de los guardias detenidos en Castellón, y expulsado en 1996, fue una de las tantas voces a través de las cuales los guardias civiles transmitían sus inquietudes, esperanzas y reivindicaciones.

Tras el arresto de su marido, junto a varias mujeres de guardias civiles, creó la llamada Asociación de Cónyuges de Guardias Civiles.

La primera manifestación fue un primero de mayo. Un grupo reducido de mujeres salió a la calle con una pancarta reivindicando los derechos laborales de los guardias civiles, además de la libertad de Alejandro y de otros guardias civiles arrestados. Un año más tarde, consiguieron reunir a un número más significativo de mujeres.

Elena M. durante la celebración del 9º Congreso Nacional de AUGC en Toledo junto a Borja y Morata.

La segunda concentración frente a la Comandancia de la Guardia Civil de Castellón contó con la participación de más familiares, aparte de las mujeres, y se llegó a estimar alrededor de unas doscientas personas. Elena afirmaba que «no podían reaccionar los pobres; pasaban de largo, aunque yo sentía su apoyo».

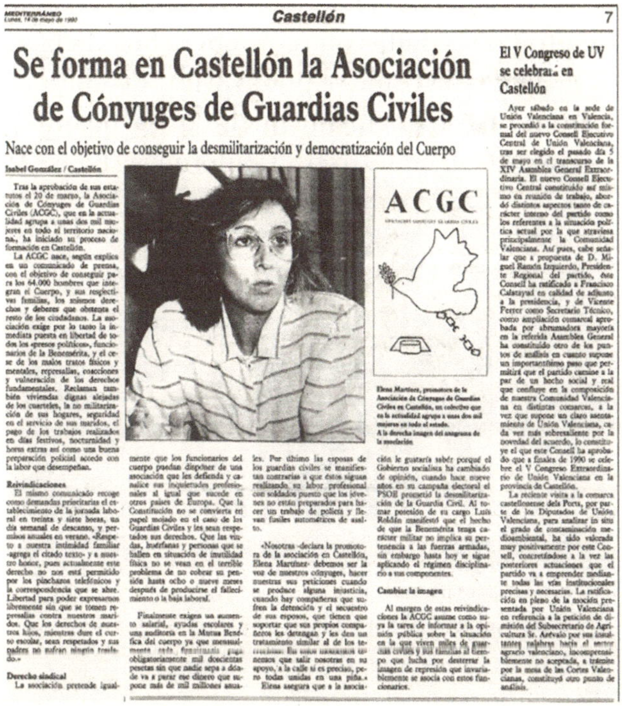

MEDITERRÁNEO Lunes, 14 de mayo de 1990 — Castellón — 7

Se forma en Castellón la Asociación de Cónyuges de Guardias Civiles

Nace con el objetivo de conseguir la desmilitarización y democratización del Cuerpo

Isabel González / Castellón

Tras la aprobación de sus estatutos el 20 de marzo, la Asociación de Cónyuges de Guardias Civiles (ACGC), que en la actualidad agrupa a unas dos mil mujeres en todo el territorio nacional, ha iniciado su proceso de formación en Castellón.

La ACGC nace, según explica en un comunicado de prensa, con el objetivo de conseguir para los 64.000 hombres que integran el Cuerpo, y sus respectivas familias, los mismos derechos y deberes que ostenta el resto de los ciudadanos. La asociación exige por lo tanto la inmediata puesta en libertad de todos los «presos políticos», funcionarios de la Benemérita, y el cese de los malos tratos físicos y mentales, represalias, coacciones y vulneración de los derechos fundamentales. Reclaman también viviendas dignas alejadas de los cuarteles, la no militarización de sus hogares, seguridad en el servicio de sus maridos, el pago de los trabajos realizados en días festivos, nocturnidad y horas extras así como una buena preparación policial acorde con la labor que desempeñan.

Reivindicaciones

El mismo comunicado recoge como demandas prioritarias el establecimiento de la jornada laboral en treinta y siete horas, un día semanal de descanso, y permisos anuales en verano. «Respeto a nuestra intimidad familiar -agrega el citado texto- y a nuestro honor, pues actualmente este derecho no nos está permitido por los pinchazos telefónicos y la correspondencia que se abre. Libertad para poder expresarnos libremente sin que se tomen represalias contra nuestros maridos. Que los derechos de nuestros hijos, mientras dure el curso escolar, sean respetados y sus padres no sufran ningún traslado.»

Derecho sindical

La asociación pretende igualmente que los funcionarios del cuerpo puedan disponer de una asociación que les defienda y canalice sus inquietudes profesionales al igual que sucede en otros países de Europa. Que la Constitución no se convierta en papel mojado en el caso de los Guardias Civiles y les sean respetados sus derechos. Que las viudas, huérfanas y personas que se hallen en situación de inutilidad física no se vean en el terrible problema de no cobrar su pensión hasta ocho o nueve meses después de producirse el fallecimiento o la baja laboral.

Finalmente exigen un aumento salarial, ayudas escolares y una auditoría en la Mutua Benéfica del cuerpo ya que mensualmente cada funcionario paga obligatoriamente mil doscientas pesetas sin que nadie sepa a dónde va a parar ese dinero que supone más de mil millones anuales. Por último las esposas de los guardias civiles se manifiestan contrarias a que éstos sigan realizando su labor profesional con soldados puesto que los jóvenes no están preparados para hacer un trabajo de policía y llevan fusiles automáticos de asalto.

«Nosotras -declara la promotora de la asociación en Castellón, Elena Martínez- debemos ser la voz de nuestros cónyuges, hacer nuestras sus peticiones cuando se produce alguna injusticia, cuando hay compañeras que sufren la detención y el secuestro de sus esposos, que tienen que soportar que sus propios compañeros les detengan y les den un tratamiento similar al de los terroristas. En estos momentos tenemos que salir nosotras en su apoyo, a la calle si es preciso, pero todas unidas en una piña.»

Elena asegura que a la asociación le gustaría saber porqué el Gobierno socialista ha cambiado de opinión, cuando hace nueve años en su campaña electoral el PSOE prometió la desmilitarización de la Guardia Civil. Al tomar posesión de su cargo Luis Roldán manifestó que el hecho de que la Benemérita tenga carácter militar no implica su pertenencia a las fuerzas armadas, sin embargo hasta hoy se sigue aplicando el régimen disciplinario a sus componentes.

Cambiar la imagen

Al margen de estas reivindicaciones la ACGC asume como suya la tarea de informar a la opinión pública sobre la situación en la que viven miles de guardias civiles y sus familias al tiempo que lucha por desterrar la imagen de represión que invariablemente se asocia con estos funcionarios.

ACGC

Elena Martínez, promotora de la Asociación de Cónyuges de Guardias Civiles en Castellón, un colectivo que en la actualidad agrupa a unas dos mil mujeres en todo el estado. A la derecha imagen del anagrama de la asociación.

El V Congreso de UV se celebrará en Castellón

Ayer sábado en la sede de Unión Valenciana en Valencia, se procedió a la constitución formal del nuevo Consell Ejecutivo Central de Unión Valenciana, tras ser elegido el pasado día 5 de mayo en el transcurso de la XIV Asamblea General Extraordinaria. El nuevo Consell Ejecutivo Central constituido así mismo en reunión de trabajo, abordó distintos aspectos tanto de carácter interno del partido como los referentes a la situación política actual por la que atraviesa principalmente la Comunidad Valenciana. Así pues, cabe señalar que a propuesta de D. Miguel Ramón Izquierdo, Presidente Regional del partido, éste Consell ha ratificado a Francisco Calatayud en calidad de adjunto a la presidencia, y de Vicente Ferrer como Secretario Técnico, como ampliación comarcal aprobada por abrumadora mayoría en la referida Asamblea General ha constituido otro de los puntos de análisis en cuanto supone un importantísimo paso que permitirá que el partido camine a la par de un hecho social y real que confluye en la composición de nuestra Comunidad Valenciana en distintas comarcas, a la vez que supone un claro asentamiento de Unión Valenciana, cada vez más sobresaliente por la novedad del acuerdo, lo constituye el que este Consell ha aprobado que a finales de 1990 se celebre el V Congreso Extraordinario de Unión Valenciana en la provincia de Castellón.

La reciente visita a la comarca castellonense dels Ports, por parte de los Diputados de Unión Valenciana, para analizar in situ el grado de contaminación medioambiental, ha sido valorada muy positivamente por este Consell, concretándose a la vez las posteriores actuaciones que el partido va a emprender mediante todas las vías institucionales precisas y necesarias. La ratificación en pleno de la moción presentada por Unión Valenciana en referencia a la petición de dimisión del Subsecretario de Agricultura Sr. Arévalo por sus insultantes palabras hacia el sector agrario valenciano, incomprensiblemente no aceptada, a trámite por la mesa de las Cortes Valencianas, constituyó otro punto de análisis.

El sentimiento era tal que Elena nunca ha mostrado ni un ápice de arrepentimiento, aun después de todo lo sufrido:

> Entendía que era una lucha y causa justa y ayudé en todo lo que pude. En todo momento estuve a su lado, ayudándolo en todo lo que pude. En ningún momento dejé de comprender y nunca quise que lo dejara; junto a mis hijos, éramos una piña.
>
> Nunca perdimos la esperanza, aun con los altibajos que tuvo la actividad. En algún momento me cabreé y me enfadé. Cuando arrestaron a mi marido, eché en falta el apoyo de algunos compañeros. Él se estaba

jugando su puesto y libertad por ellos y, en cambio, no supieron o no pudieron responder como debían.

No entendía cómo se podía privar de libertad a una persona que simplemente quería unas mejoras para la Guardia Civil; era otro trabajador más (Elena M.).

Castellón Diario/Martes, 3 julió 1990 — la noticia — 3

200 personas, casi un centenar de ellas mujeres de guardias civiles, pidieron la democratización y desmilitarización de la Guardia Civil. Los manifestantes protestaron ayer frente a la Comandancia por las últimas detenciones a miembros de la Benemérita, acusados de estar vinculados al SUGC. Jaume López, secretario general de UGT, se unió a los manifestantes y anunció que apoyará las peticiones de los guardias civiles.

La concentración se prolongó por espacio de una hora

200 personas participaron ayer en una concentración frente a la Comandancia

Mujeres de guardias civiles piden democracia para el Cuerpo

Uria Irviti

Alrededor de 200 personas, entre ellas casi un centenar, mujeres de guardias civiles, se concentraron ante la Comandancia para protestar por las últimas detenciones de guardias civiles por su supuesta vinculación al Sindicato Unificado de la Guardia Civil, SUGC. Así mismo, los manifestantes pidieron la libertad de los detenidos, entre ellos, Alejandro Alvarez. Su esposa, Elena Martínez, reiteró que no tiene ningún conocimiento oficial de que el juez togado territorial haya dictado el auto de libertad provisional para el guardia civil Alvarez. Como se recordará, Gobierno Civil remitió a los medios de comunicación una nota en la que se daba cuenta de la libertad provisional.

Pitadas

Pasadas las once de la mañana, los manifestantes se congregaron enfrente de la Comandancia de la Guardia Civil y desplegaron varias pancartas. En la principal de ellas figuraba el nombre de la Asociación de Cónyuges de Guardias Civiles, colectivo éste que convocó el acto de protesta, y cuyas asociadas lucían una camiseta con el nombre de la Asociación. El resto de las pancartas aludían a la libertad y la democracia, insignias que fueron coreadas durante la hora que duró la concentración. A lo largo de la manifestación fueron continuas las pitadas.

Elena Martínez, presidenta de la Asociación de Cónyuges de Guardias Civiles, leyó un comunicado en el que arremetió contra el Ministerio del Interior y la Dirección General de la Guardia Civil, ya que "negocian con terroristas de ETA y del GRAPO, asesinos de nuestros maridos, entre ellos los de nuestro querido amigo Hervás, no tienen la suficiente hombría y vergüenza para negociar con los Guardias Civiles demócratas y respetuosos con la Constitución Española; para ellos no vale la negociación; para ellos las prisiones militares y las represalias".

También, en el comunicado leído se criticaba duramente la política del Ministerio, calificándola de dictatorial, incumplidora del espíritu de la Constitución, las leyes y el respeto de los derechos humanos, "oprimiendo y vejando cada día con más saña, a los guardias civiles verdaderamente profesionales, demócratas, y amantes de la Constitución y su trabajo".

Los concentrados protestaron igualmente por el trato que reciben los detenidos, que, en lugar de ser puestos a disposición de la Jurisdicción Ordinaria, son sometidos a los jueces togados militares, incumpliendo así la Ley 2/86 de Fuerzas y Cuerpos de Seguridad del Estado.

En el texto del comunicado se acusaba al Ministerio del Interior y a la Dirección General de la Guardia Civil de utilizar ilegalmente a los jueces togados militares para encubrir el gran número de irregularidades y delitos "que los miembros encargados de la represión dentro del Cuerpo, están utilizando".

Constitución

Por otro lado, los manifestantes pidieron que la Constitución entre en los cuarteles, "y con ellos los guardias civiles se vean reconocidos como unos verdaderos ciudadanos más de este país, con sus obligaciones, sí, pero también con sus derechos constitucionales y laborales".

Entre los asistentes al acto de protesta se encontraba Jaume López, secretario general de UGT. El sindicato en días pasados había mostrado su apoyo a Elena Martínez e invitó a todos sus afiliados a unirse a la concentración de ayer. Jaume López explicó que la UGT "apoya a los demócratas de la guardia civil y pide la legalización del sindicato de la guardia civil, ya que entendemos que la Constitución les ampara, y, por lo tanto, tienen sus derechos a ser legalizados y a defender sus derechos dentro de la Guardia Civil".

Jaume López apuntó que el sindicato apoyará a los guardias civiles "desde nuestros equipos jurídicos, también el apoyo moral, no así el económico, cosa que no es posible porque el sindicato está pasando por una situación económica que no es muy boyante, pero si hay que hacerlo, participaremos en la medida de nuestras posibilidades para que su lucha no decaiga".

Alejandro Alvarez, en libertad provisional

I.I.

A las cero horas de hoy, el guardia civil Alejandro Alvarez fue puesto en libertad provisional, tras decretarlo el juez togado territorial número 17 de Valencia. Elena Martínez, esposa del detenido, confirmó a última hora de la tarde de ayer a esta redacción que el juez había notificado la libertad a su marido. Así mismo, Elena Martínez comentó que por la noche iba a desplazarse hasta Cartagena para recoger a su marido tan pronto como saliera de la prisión. Elena Martínez, que no podía esconder su alegría tras enterarse de la noticia, señaló que los últimos días, quizás, habían sido los más difíciles desde que se produjo la detención" porque los medios de comunicación decían que iban a poner en libertad a mi marido, y ni él ni yo sabíamos nada. Han sido tres días de esperanza y tensa espera".

Elena Martínez agradeció a todas las personas que, desde el día que se produjo la detención de su marido, le han apoyado de una forma u otra. Igualmente, agradeció a los asistentes a la concentración de ayer, al tiempo que apuntó que la Asociación de Cónyuges de Guardias Civiles, de la que ella es su presidenta, seguirá luchando para pedir la democratización del Cuerpo.

Como ya informó CASTELLON DIARIO, el pasado día 19 de junio fue detenido el guardia civil Alejandro Alvarez por su presunta vinculación al SUGC. En un primer momento, fue trasladado a la prisión de Benimaclet y, posteriormente, ingresó en Cartagena donde ha permanecido hasta el día de ayer. La esposa del detenido desde el primer momento negó que su marido tuviera relación con el SUGC. Solamente, asumió ser el presidente de la Sociedad Unionista de Guardias Civiles, sociedad cultural que, presumiblemente será legalizada en los próximos días. Hay que recordar que el pasado miércoles nueve guardias, vocales de la mencionada sociedad, declararon ante el juez togado. Esas declaraciones pusieron de manifiesto que no existía ninguna relación entre la Sociedad Unionista y el SUGC.

Un artículo del diario *El País* publicado el 4 de julio de 1990, por el periodista Santiago Navarro publicó una entrevista a Alejandro Borja cuando salió de prisión.

Lo importante no es mi libertad, sino la prisión que todavía sufren el resto de compañeros por esta causa manifestó ayer el guardia civil de Castellón Alejandro Álvarez Borja que a las cero horas de ayer recobraba la libertad provisional, después de haber estado ingresado en la prisión militar de Cartagena durante más de dos semanas acusado de pertenecer al ilegal Sindicato Unificado de la Guardia Civil (SUGC). La libertad provisional de Alvarez era dictada por un auto del juez togado territorial número 17 de Valencia, quien el pasado día 19 de junio ordenaba la detención de ese guardia civil por un presunto delito de sedición y apología de la sedición. Alvarez manifestó ayer que la noticia sobre su liberación la recibió sobre las 16;30 horas del lunes. «Me comunicaron que a partir de las cero horas del día siguiente quedaba en libertad provisional. A esa hora llegaban a la prisión mi mujer y otros familiares con los que he viajado hasta Castellón». afirmó el guardia civil. *El País.* (1990, 4 de julio). En libertad el guardia civil acusado de pertenecer al SUGC.

ASOCIACIÓN DE MUJERES Y FAMILIARES DE GUARDIAS CIVILES

Otra de las vértebras: Badajoz

Al otro lado, se encontraba Candi Alzas, mujer de guardia civil destinado en Extremadura. Llegó a encabezar varias manifestaciones, llegando hasta la Delegación del Gobierno de Madrid.

Manuel Linde, guardia civil expulsado que compartió arresto con José Morata, fue una de las figuras más influyentes para Candi. Ella entendía que era una causa justa y, en un principio, incluso llegó a formar parte de la junta directiva de la delegación de Badajoz, hasta que la Asociación tuvo carácter profesional.

Candi junto a miembros de la junta directiva de la delegación de Badajoz

Actuaba como portavoz, interviniendo en entrevistas a los medios y encargándose de la organización de las protestas. Su posición como civil la hacía imparcial ante la Ley, aunque las represalias llegaban por otras vías. A su marido nunca le llegaron a pagar gratificaciones o la productividad que sí disfrutaban sus compañeros.

Una vez el Sindicato se inscribió como asociación profesional, Candi fundó junto a Manuel Linde en 2001 la Asociación de Mujeres y Familiares de Guardias Civiles, creación motivada por las acciones que estaban llevando a cabo otras mujeres en otras partes del territorio: como en Valencia, donde un grupo de mujeres salió con pancartas en mitad del desfile del Día del Pilar un 12 de octubre.

En todo momento, Candi sentía el apoyo de los compañeros guardias y policías. «En las manifestaciones, los policías se portaban bien y nos apoyaban»; «no tuvimos ningún problema con ellos ni ellos con nosotras», afirma Candi:

> No podías planear tu vida, porque el servicio lo sabías un día antes y eso afectaba a la vida familiar.
>
> Nunca me he arrepentido; es más, me siento orgullosa cuando sé que se ha logrado algo desde AUGC, porque mi granito de arena estuvo ahí.
>
> Al principio, teníamos pocos medios, poco dinero, poca gente. El dinero provenía de una cuota que pagábamos los socios; entonces, no teníamos muchos socios por el miedo. Todo el mundo te animaba, pero no se atrevían. Era todo precario.
>
> La Asociación nos costaba mucho dinero, pero la ilusión y las ganas hicieron que llegáramos hasta donde está ahora AUGC.
>
> Aunque mi marido ya no está, yo sigo con las mismas ganas de ayudar y no me arrepiento de nada.
>
> Nosotros cuando salíamos a las manifestaciones alzábamos la voz y gritábamos ¿somos militares o somos civiles? ¡qué coño somos! (Candi A.).

Queremos dar las gracias a todas aquellas mujeres valientes que arriesgaron su libertad por conseguir la de los guardias civiles. Su actuación fue crucial para llegar hasta ser lo que hoy somos: AUGC.

COLABORACIÓN

Maite Pagazaurtundúa
Eurodiputada integrada en la delegación de Ciudadanos Europeos (2019-2024)

Es para mí un honor contribuir a este libro, que conmemora el 30 aniversario de la AUGC, una asociación nacida para defender los derechos de los guardias civiles y, así, permitir que ellos protejan los nuestros. Fue en 1994 cuando inició su camino; un camino difícil, en el que algunos de sus fundadores fueron internados en cárceles militares y expulsados del Cuerpo.

Ha sido una asociación pionera que, gracias a su tenacidad y buen hacer, ha alcanzado logros impensables en sus inicios. La Guardia Civil es pieza fundamental de la historia de la seguridad pública de España, un Cuerpo que va camino de cumplir doscientos años y que se ha convertido en un pilar esencial de nuestra democracia y garante del Estado de derecho.

La capacidad de adaptación, transformación y modernización de este Cuerpo ha sido ejemplar durante toda su trayectoria, como también lo ha sido su voluntad integradora y el afán de sus miembros por mantener una fuerte conexión con todos los grupos sociales, en particular en el ámbito rural.

Afortunadamente, la AUGC ha velado durante estos últimos años porque los derechos de los Guardias Civiles sean respetados. Se han producido grandes mejoras y cambios sustanciales a nivel organizativo, pero queda mucho por hacer.

Como representante público, he alzado la voz en la Unión, para que se oiga la de los Cuerpos y Fuerzas de Seguridad europeos y, en particular, la de los guardias civiles y la policía española. Es imprescindible visibilizar sus competencias e incidir en su condición de garantes de nuestro Estado de derecho, pero también hablar de los problemas, tanto de los elementos mejorables a los ojos de la sociedad como de los obstáculos con los que se encuentran estos servidores públicos cuando desempeñan sus funciones.

En el caso de la Guardia Civil, al igual que ocurre con otros cuerpos, sus miembros denuncian cada vez con mayor frecuencia el aumento de las agresiones de que son víctimas. Basta analizar este dato relativo a la Guardia Civil y Policía Nacional: los policías y guardias civiles sufrieron una media de 46 agresiones al día en 2023, lo que supone más de 16 000 delitos contra la autoridad en un año. Existen varios motivos por los que estas cifras son tan elevadas, pero los más comunes son la falta de respeto a los agentes de la autoridad, unas plantillas mermadas y, en ocasiones, la sensación de impunidad y desprecio a las normas por parte de la población.

Sobre este asunto he preguntado a la Comisión Europea, para pedirle datos a la Agencia Europea para la Seguridad y la Salud en el Trabajo (EU-OSHA) sobre el aumento en el número de agresiones a los miembros de los Cuerpos y Fuerzas de Seguridad en la Unión y la falta de recursos humanos y materiales para desempeñar sus funciones y evitar este tipo de conductas.

Otro de los problemas a los que se enfrenta la Guardia Civil, y que también comparte con la Policía Nacional, es su no reconocimiento como profesión de riesgo. En la actualidad, esta condición solo ha sido reconocida a los cuerpos policiales autonómicos y locales, excluyendo a las Fuerzas y Cuerpos de Seguridad de ámbito nacional. Es evidente que la equiparación es necesaria, ya que los riesgos son comunes, incluso mayores en el caso de las Fuerzas y Cuerpos nacionales, por asumir funciones específicas atribuidas que incrementan incluso el riesgo de agresión contra sus miembros.

Sobre esta cuestión, también me he permitido interpelar a la Comisión Europea. Si bien esta cuestión no recae directamente en el ámbito de competencias de la Unión, la arbitrariedad y discriminación que se produce choca con los principios y valores de la Unión. Existen otra serie de problemas para abordar y que tienen que ver con la falta de equiparación de la Guardia Civil y la Policía Nacional con otros cuerpos policiales en lo relativo a condiciones sociolaborales, en particular en lo relativo a salario y derechos de jubilación.

Me gustaría terminar hablando de lo que la sociedad pide a los Cuerpos y Fuerzas de Seguridad, en España, pero también en la Unión. El siglo XXI avanza y nos toca enfrentarnos a desafíos nuevos. Hablamos del uso de la inteligencia artificial, pero también de la injerencia extranjera como vía para desestabilizar nuestro Estado de derecho. Hoy, más que nunca, se necesita un modelo de Cuerpos y Fuerzas de Seguridad innovador y avanzado, que contribuya a construir relaciones satisfactorias con la sociedad. Es imprescindible establecer una serie de normas básicas aplicables tanto a la gestión interna de las organizaciones policiales como a sus relaciones con la comunidad a la que sirven.

Creo que la elaboración de un Código Europeo de Buenas Prácticas y Transparencia aplicable a todos los Cuerpos y Fuerzas de Seguridad de la Unión facilitaría mucho las cosas. El Código tiene como propósito la enumeración y formulación de un elenco de buenas prácticas en la organización interna de las policías y en sus relaciones con la comunidad a la que sirven.

Su vocación es servir de referencia en la definición y práctica de los principios rectores de la actividad policial, principios que deben garantizar el equilibrio entre seguridad y libertad.

El respeto de los derechos fundamentales de las personas y de los agentes de la ley debe estar en la base de un modelo policial basado en la transparencia y las buenas prácticas.

Como ya he indicado, los cambios producidos en el ámbito tecnológico, social y económico requieren una policía que desarrolle nuevas capacidades. El uso de las nuevas tecnologías en el ámbito policial requiere contar con salvaguardias suficientes para que los derechos de las personas nos resulten limitados de manera injustificada. También la sociedad es diferente y necesita canales de comunicación más efectivos con la policía para reforzar la empatía y el respeto mutuo. Tienen que existir también pautas que faciliten las relaciones entre la policía y las organizaciones de la sociedad civil, para potenciar el diálogo y la cooperación.

Espero que mi humilde aportación contribuya a reforzar y ensalzar la labor de un Cuerpo como este, tan querido y respetado por mí.

CAPÍTULO III

DÉCADA DE LOS NOVENTA. COPROPER-6J, SENTENCIA DE LA AUDIENCIA NACIONAL

La lucha por los derechos y la modernización de la Guardia Civil no cesó con la «desarticulación» del SUGC a finales de la década de los ochenta. Este evento no fue más que un preludio de una serie de transformaciones que estaban destinadas a suceder. La «desarticulación» generó un germen de resistencia y cambio que se manifestaría con más fuerza en los años venideros. La década de los ochenta fue un período de intensa agitación social y política en España. Con la transición a la democracia todavía fresca, el país luchaba por reformar sus instituciones heredadas de una larga dictadura. En este contexto, los miembros de la Guardia Civil, una fuerza tradicionalmente vista como un bastión del antiguo régimen, comenzaron a alzar la voz, exigiendo cambios que alinearan la institución con los nuevos valores democráticos. Los guardias civiles se enfrentaron a numerosos desafíos en su lucha. A menudo marginados por la Administración y vistos con recelo por los sectores más progresistas de la sociedad, lucharon no solo por sus derechos laborales, sino también por el reconocimiento de su papel en una España democrática. Reclamaban mejoras en las condiciones de trabajo, derechos a la sindicación —prohibidos en el ámbito militar— y una reforma de las estructuras que regían su día a día. El eco de sus demandas resonaba en los cuarteles y más allá de sus muros, alcanzando a familias y civiles que simpatizaban con su causa. Los guardias civiles no estaban dispuestos a tirar por la borda años de lucha y sacrificios. Se organizaban en la clandestinidad, distribuían panfletos, celebraban reuniones secretas y buscaban el apoyo de políticos y abogados dispuestos a defender su causa. Con el tiempo, esta lucha interna comenzaría a dar frutos. Las décadas de los noventa y principios de los dos mil verían cambios significativos en la legislación, que no solo mejoraban las condiciones de los guardias civiles, sino que también reformaban la institución en conjunto, acercándola más a los estándares europeos de derechos humanos y prácticas democráticas. Este capítulo oscuro, pero fundamental, de la historia de la Guardia Civil revela la complejidad de adaptar una institución anclada en tradiciones a las exigencias de un nuevo orden democrático. La «desarticulación» del SUGC fue solo un momento dentro de una larga y ardua jornada hacia la democratización y modernización de la Guardia Civil, una jornada que refleja los desafíos y las transformaciones a las que se enfrentaba toda España durante esos años turbulentos.

NACIMIENTO DE COPROPER-6J

El transcurso de los años noventa marcó un período significativo en el contexto de las instituciones militarizadas como la Guardia Civil, destacando por una marcada rigidez en la disciplina y limitaciones en los derechos. Es en este entorno donde emerge, dentro de la Guardia Civil, un incipiente movimiento asociativo. Nos encontramos en el año 1991, donde un reducido número de guardias civiles luchadores continúan un arduo y pedregoso camino con un solo fin: crear una asociación profesional que representara a los guardias civiles.

A pesar de las restricciones legales que pesaban sobre los militares, la Constitución Española recogía el derecho de asociación, que permitía la afiliación a entidades con objetivos de carácter social, cultural, deportivo o religioso. Motivados por esta ventana de oportunidad, diversos grupos dentro de la Guardia Civil se abocaron a la creación de asociaciones, redactando estatutos donde se abarcaba un amplio espectro de finalidades permitidas, para luego presentarlos ante el Registro Nacional de Asociaciones, en busca de su legalización.

Perseverantes en la defensa de los derechos laborales y profesionales de los agentes, los guardias civiles José Luis Bargados Fernández y Alberto García Llana deciden elaborar unos estatutos e inscribir el 5 de abril de 1991 en el Registro Nacional de Asociaciones una asociación de guardias civiles denominada Asociación 6 de Julio de Guardias Civiles 6-J, con fines socioculturales.

El primer escollo no tardó en llegar y se encontraron con una barrera infranqueable. El Registro se pronuncia y arguye que sus estatutos escondían objetivos reivindicativos, aspecto considerado incompatible con el estatus de militar. Ante la imposibilidad de encontrar eco en el ámbito administrativo, estas organizaciones se vieron forzadas a depurar sus estatutos de cualquier elemento que pudiera interpretarse como reivindicativo, sin conseguir, sin embargo, una respuesta afirmativa por parte del Registro de Asociaciones. Este muro de silencio administrativo llevó a la decisión de buscar justicia en los tribunales, acudiendo a la Audiencia Nacional para dirimir la cuestión de la legalidad de la constitución de asociaciones dentro del Cuerpo, marcando así un nuevo capítulo en la lucha por los derechos asociativos en el ámbito militar.

Mientras se dirimía en los tribunales la inscripción de la Asociación 6-J, la corrupción salpicaba a la Guardia Civil estando por entonces al mando del Cuerpo el director general Luis Roldán.

En 1986 Luis Roldan, fue nombrado director general de la Guardia Civil, convirtiendose en el primer civil en ocupar este cargo. Roldan buscaba modernizar la institución,mejorar las condiciones de trabajo de los agentes y fortalecer la lucha contra el terrorismo, especialmente el de ETA. Sin embargo su gestión pronto se vió envuelta en la controversia. En 1993, comenzaron a surgir acusaciones de enriquecimiento ilícito y malversación de fondos públicos contra Roldan. Se le acusó de desviar millones de pesetas destinados a la construcción de Cuarteles de la Guardia Civil y cobrar comisiones ilegales. La investigación reveló que Roldan había acumulado una considerable fortuna personal, incluyendo propiedades inmobiliarias y cuentas bancarias en el extranjero.

El escándalo estalló en 1994, el 26 de abril de ese mismo año un grupo de guardias civiles liderado por el Sargento, José Morata, constituye la 'Coordinadora pro-perjudicados por la gestión de Luis Roldán y la corrupción' (COPROPER) Esta organización llevaría como fines en sus estatutos colaborar desinteresadamente con la acción judicial para la averiguación de acciones de tipo corrupto en el seno de la institución, como fue el caso de Roldan, ejerciendo en dichos casos la acción popular, germen que sentaría precedentes en lo que sería la lucha contra la corrupción en el Cuerpo.

Cuando Roldan, tras ser confrontado con las acusaciones, huyó del país. Su fuga desencadenó una búsqueda internacional que duró casi un año. Durante su tiempo en paradero desconocido, la prensa española y la opinión pública seguían de cerca el caso, que se convirtió en un símbolo de la corrupción política en España. Finalmente, en 1995, Roldan fue detenido en Laos y extraditado a España, siendo condenado en 1998 a 28 años de prisión por delitos de malversación, cohecho,fraude y estafa. Dentro de la Guardia Civil este caso tuvo un fuerte impacto con la consecuencia de un tremendo daño para esta institución. COPROPER actuó como un defensor clave de la Guardia Civil durante el escándalo de Roldán, apoyando las reformas necesarias para restaurar la confianza en la institución mientras protegía los derechos y la reputación de sus miembros.

5 PTA

CINCO PESETAS

CLASE 8.ª

0P3809958

Registro General

Data 27 ABR. 1994

ENTRADA Núm.

EXCMO. SEÑOR.

Don **JOSE MORATA GARGALLO**, mayor de edad, vecino de BENICASIM (Castellón), con domicilio en la Calle Secretario Chornet, nº 10-1º, y provisto de documento Nacional de Identidad nº 18.893.820, ante V.E. comparece y como mejor proceda.

EXPONE.

Que en nombre propio y en el de los demás asociados fundadores de la Asociación **"COORDINADORA PRO-PERJUDICADOS POR LA GESTION DE LUIS ROLDAN Y LA CORRUPCION"**, y para dar cumplimiento a lo dispuesto en el artículo 3.3 de la vigente Ley de Asociaciones, adjunta el presente escrito, acompañado de copia del Acta Fundacional y Estatutos por los que ha de regirse la mencionada Asociación, ambos documentos por triplicado y firmado por todos los componentes de la Comisión Gestora, dentro del plazo de cinco dias, a contra desde la fecha de la reunión en que se levantó tal Acta, que tuvo lugar el dia 26 de Abril de 1.994.

En atención a lo expuesto.

SUPLICA.

De V.E. que, en base a la documentación presentada, vise los Estatutos y resuelva la inscripción de la asociación **"COORDINADORA PRO-PERJUDICADOS POR LA GESTION DE LUIS ROLDAN Y LA CORRUPCION"**.

En Castellón, a 27 de Abril de 1.994.

EXCMO. SEÑOR MINISTRO DEL INTERIOR.
Registro Nacional de Asociaciones.

MADRID.

Pronto llegará un atisbo de esperanza para los guardias civiles. El 26 de julio de 1994 se declaró en sede judicial el derecho de la Asociación 6 de Julio de Guardias Civiles (6-J) a ser inscrita en el Registro de Asociaciones, pero, como dicta la sentencia, la Asociación solo se registra a efectos de publicidad, con el número 160579.

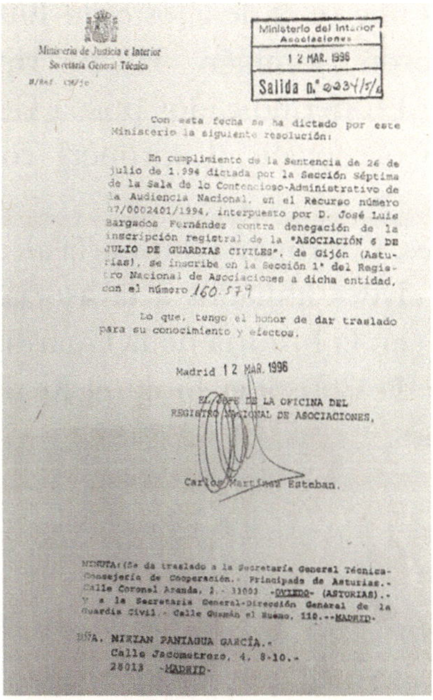

Ministerio de Justicia e Interior
Secretaría General Técnica

N/Ref. CM/jc

Ministerio del Interior
Asociaciones
12 MAR. 1996
Salida n.º 2234/5/6

Con esta fecha se ha dictado por este Ministerio la siguiente resolución:

En cumplimiento de la Sentencia de 26 de julio de 1.994 dictada por la Sección Séptima de la Sala de lo Contencioso-Administrativo de la Audiencia Nacional, en el Recurso número 07/0002401/1994, interpuesto por D. José Luis Bargados Fernández contra denegación de la inscripción registral de la "ASOCIACIÓN 6 DE JULIO DE GUARDIAS CIVILES", de Gijón (Asturias), se inscribe en la Sección 1ª del Registro Nacional de Asociaciones a dicha entidad, con el número 160.579

Lo que, tengo el honor de dar traslado para su conocimiento y efectos.

Madrid 12 MAR. 1996

EL JEFE DE LA OFICINA DEL REGISTRO NACIONAL DE ASOCIACIONES,

Carlos Martínez Esteban.

MINUTA: (Se da traslado a la Secretaría General Técnica-Consejería de Cooperación.- Principado de Asturias.- Calle Coronel Aranda, 2.- 33003 -OVIEDO- (ASTURIAS).- y a la Secretaría General-Dirección General de la Guardia Civil.- Calle Guzmán el Bueno, 110.--MADRID-

DÑA. MIRIAN PANIAGUA GARCÍA.-
Calle Jacometrezo, 4, 8-10.-
28013 -MADRID-

En la sentencia se concretaba que

> [...] habida cuenta de que el Texto Constitucional en su art. 22.3 señala que «las asociaciones constituidas al amparo de este artículo, deberán inscribirse en un registro a los solos efectos de publicidad», lo que viene a demostrar que ni la Ley 191/64, de 24 de diciembre, ni la propia Constitución hacen referencia al contenido del art. 2.º del R.D. 713/77, de 1.º de abril, resulta que si de acuerdo con los Estatutos y acta fundacional puede deducirse cuáles sean los fines perseguidos por la Asociación y estos son lícitos, no hay razón legal y objetiva alguna para denegar esa inscripción, máxime si este acto, como dice el Texto Constitucional, no lo es a efectos constitutivos, y sí solo a efectos de publicidad [...].

A los pocos días, el 2 de agosto de 1994, el Registro Nacional acordó también la inscripción de la Coordinadora Properjudicados por la Gestión de Luis Roldán y la Corrupción (Coproper) con el número 135138.

Por entonces, Coproper aglutinaría alrededor de dos mil guardias civiles afiliados a la asociación. Ese día marcó un hito en la historia de la Guardia Civil, con la inscripción de la Coproper 6J en el Registro Nacional de Asociaciones.

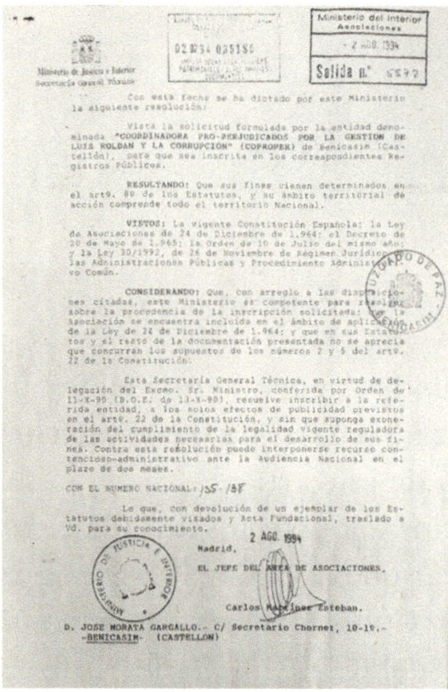

Ministerio de Justicia e Interior
Secretaría General Técnica

Ministerio del Interior
Asociaciones
2 AGO 1994
Salida n.º 5597

Con esta fecha se ha dictado por este Ministerio la siguiente resolución:

Vista la solicitud formulada por la entidad denominada **"COORDINADORA PRO-PERJUDICADOS POR LA GESTION DE LUIS ROLDAN Y LA CORRUPCION" (COPROPER)** de Benicasim (Castellón), para que sea inscrita en los correspondientes Registros Públicos.

RESULTANDO: Que sus fines vienen determinados en el artº. 8º de los Estatutos, y su ámbito territorial de acción comprende todo el territorio Nacional.

VISTOS: La vigente Constitución Española; la Ley de Asociaciones de 24 de Diciembre de 1.964; el Decreto de 20 de Mayo de 1.965; la Orden de 10 de Julio del mismo año; y la Ley 30/1992, de 26 de Noviembre de Régimen Jurídico de las Administraciones Públicas y Procedimiento Administrativo Común.

CONSIDERANDO: Que, con arreglo a las disposiciones citadas, este Ministerio es competente para resolver sobre la procedencia de la inscripción solicitada; que la Asociación se encuentra incluida en el ámbito de aplicación de la Ley de 24 de Diciembre de 1.964; y que en sus Estatutos y el resto de la documentación presentada no se aprecia que concurran los supuestos de los números 2 y 5 del artº. 22 de la Constitución.

Esta Secretaría General Técnica, en virtud de delegación del Excmo. Sr. Ministro, conferida por Orden de 11-X-90 (B.O.E. de 13-X-90), resuelve inscribir a la referida entidad, a los solos efectos de publicidad previstos en el artº. 22 de la Constitución, y sin que suponga exoneración del cumplimiento de la legalidad vigente reguladora de las actividades necesarias para el desarrollo de sus fines. Contra esta resolución puede interponerse recurso contencioso-administrativo ante la Audiencia Nacional en el plazo de dos meses.

CON EL NUMERO NACIONAL: 135-138

Lo que, con devolución de un ejemplar de los Estatutos debidamente visados y Acta Fundacional, traslado a Vd. para su conocimiento.

Madrid, 2 AGO. 1994

EL JEFE DEL AREA DE ASOCIACIONES,

Carlos Martínez Esteban.

D. JOSE MORATA GARGALLO.- C/ Secretario Chornet, 10-1º.-
-BENICASIM- (CASTELLON)

A pesar de las presiones de la Dirección General de la Guardia Civil, una parte del Gobierno y el propio Ministerio del Interior eran partidarios de la legalización. Esta Asociación se legalizó según su fundador, el sargento Jose Morata, para que sirviera de puente para que en un futuro proceso de creación de asociaciones profesionales, sirvieran para democratizar el Cuerpo y colaboraran desde dentro, a cambiar su estructura y limitar el poder fáctico de la Guardia Civil.

UNIFICACIÓN DE COPROPER-6J: NACE EL MOVIMIENTO ASOCIATIVO EN LA GUARDIA CIVIL

Los mandos exasperaban al ver cómo el movimiento asociativo en la Guardia Civil se extendía por todo el territorio nacional; el movimiento era ya imparable. Estos valientes guardias civiles tuvieron que superar diversos obstáculos legales y políticos y no pocas resistencias internas dentro del Cuerpo. Los actos asamblearios que celebraban eran clandestinos; guardias civiles del Servicio de Información del Cuerpo expiaban y grababan sus reuniones, con el objetivo de desmantelar «el sindicato».

Los días 6 y 7 de octubre de 1994, en la escuela sindical de Comisiones Obreras en Madrid, los fundadores de Coproper y 6J celebran un congreso y aprueban una reforma estatutaria junto a una nueva denominación, creando una organización profesional fuerte y unida que representara a los guardias civiles y que, como detallaron sus fundadores, de carácter apolítico, sin ideología alguna; deciden entonces presentarla en el Registro de Asociaciones del Ministerio del Interior.

En esta primera Asamblea, los guardias civiles asistentes expusieron con gran preocupación los grandes agravios que sufrían profesionalmente respecto a otros Cuerpos Policiales, como eran los horarios de los servicios, el desfase entre comandancias o cómo se iban a organizar para llevar a los cuarteles propaganda e información de sus reivindicaciones. Se votó qué cuota económica tenían que pagar los socios que integrarían la organización; también se incluía a los familiares.

Pago mensual	
Socios (guardias)	700 pesetas
Esposo/a	300 pesetas
Hijos mayores de edad	300 pesetas
Familiares	300 pesetas
Jubilados	300 pesetas

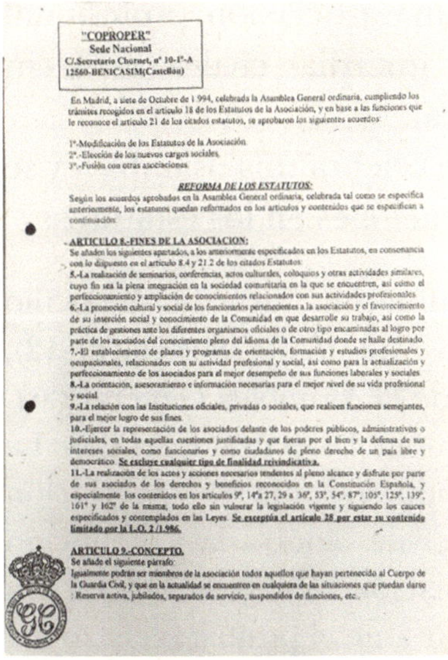

"COPROPER"
Sede Nacional
C/.Secretario Chornet, nº 10-1º-A
12560-BENICASIM(Castellón)

En Madrid, a siete de Octubre de 1.994, celebrada la Asamblea General ordinaria, cumpliendo los trámites recogidos en el artículo 18 de los Estatutos de la Asociación, y en base a las funciones que le reconoce el artículo 21 de los citados estatutos, se aprobaron los siguientes acuerdos:

1º-Modificación de los Estatutos de la Asociación.
2º.-Elección de los nuevos cargos sociales.
3º.-Fusión con otras asociaciones.

REFORMA DE LOS ESTATUTOS:
Según los acuerdos aprobados en la Asamblea General ordinaria, celebrada tal como se especifica anteriormente, los estatutos quedan reformados en los artículos y contenidos que se especifican a continuación:

ARTICULO 8.-FINES DE LA ASOCIACION:
Se añaden los siguientes apartados, a los anteriormente especificados en los Estatutos, en consonancia con lo dispuesto en el artículo 8.4 y 21.2 de los citados Estatutos:
5.-La realización de seminarios, conferencias, actos culturales, coloquios y otras actividades similares, cuyo fin sea la plena integración en la sociedad comunitaria en la que se encuentren, así como el perfeccionamiento y ampliación de conocimientos relacionados con sus actividades profesionales.
6.-La promoción cultural y social de los funcionarios pertenecientes a la asociación y el favorecimiento de su inserción social y conocimiento de la Comunidad en que desarrolle su trabajo, así como la práctica de gestiones ante los diferentes organismos oficiales o de otro tipo encaminadas al logro por parte de los asociados del conocimiento pleno del idioma de la Comunidad donde se halle destinado.
7.-El establecimiento de planes y programas de orientación, formación y estudios profesionales y ocupacionales, relacionados con su actividad profesional y social, así como para la actualización y perfeccionamiento de los asociados para el mejor desempeño de sus funciones laborales y sociales.
8.-La orientación, asesoramiento e información necesarias para el mejor nivel de su vida profesional y social.
9.-La relación con las Instituciones oficiales, privadas o sociales, que realicen funciones semejantes, para el mejor logro de sus fines.
10.-Ejercer la representación de los asociados delante de los poderes públicos, administrativos o judiciales, en todas aquellas cuestiones justificadas y que fueran por el bien y la defensa de sus intereses sociales, como funcionarios y como ciudadanos de pleno derecho de un país libre y democrático. **Se excluye cualquier tipo de finalidad reivindicativa.**
11.-La realización de los actos y acciones necesarios tendentes al pleno alcance y disfrute por parte de sus asociados de los derechos y beneficios reconocidos en la Constitución Española, y especialmente los contenidos en los artículos 9º, 14ºa 27, 29 a 36º, 53º, 54º, 87º, 105º, 125º, 139º, 161º y 162º de la misma, todo ello sin vulnerar la legislación vigente y siguiendo los cauces especificados y contemplados en las Leyes. **Se exceptúa el artículo 28 por estar su contenido limitado por la L.O. 2/1.986.**

ARTICULO 9.-CONCEPTO.
Se añade el siguiente párrafo:
Igualmente podrán ser miembros de la asociación todos aquellos que hayan pertenecido al Cuerpo de la Guardia Civil, y que en la actualidad se encuentren en cualquiera de las situaciones que puedan darse : Reserva activa, jubilados, separados de servicio, suspendidos de funciones, etc..

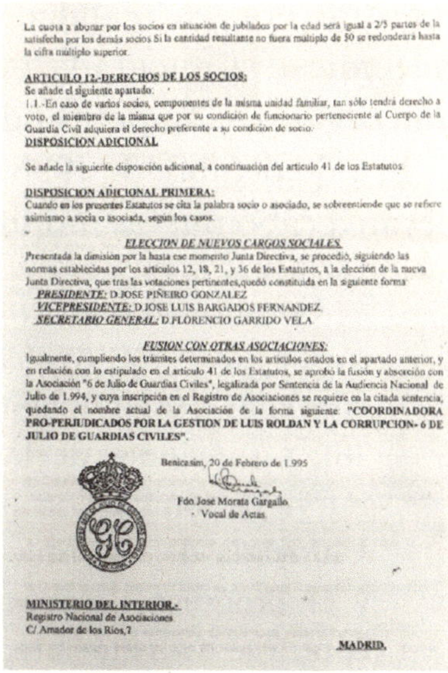

La cuota a abonar por los socios en situación de jubilados por la edad será igual a 2/5 partes de la satisfecha por los demás socios Si la cantidad resultante no fuera múltiplo de 50 se redondeará hasta la cifra múltiplo superior.

ARTICULO 12.-DERECHOS DE LOS SOCIOS:
Se añade el siguiente apartado:
1.1.-En caso de varios socios, componentes de la misma unidad familiar, tan sólo tendrá derecho a voto, el miembro de la misma que por su condición de funcionario perteneciente al Cuerpo de la Guardia Civil adquiera el derecho preferente a su condición de socio.
DISPOSICION ADICIONAL

Se añade la siguiente disposición adicional, a continuación del artículo 41 de los Estatutos:

DISPOSICION ADICIONAL PRIMERA:
Cuando en los presentes Estatutos se cita la palabra socio o asociado, se sobreentiende que se refiere asimismo a socia o asociada, según los casos.

ELECCION DE NUEVOS CARGOS SOCIALES.
Presentada la dimisión por la hasta ese momento Junta Directiva, se procedió, siguiendo las normas establecidas por los artículos 12, 18, 21, y 36 de los Estatutos, a la elección de la nueva Junta Directiva, que tras las votaciones pertinentes,quedó constituida en la siguiente forma:
PRESIDENTE: D.JOSE PIÑEIRO GONZALEZ
VICEPRESIDENTE: D.JOSE LUIS BARGADOS FERNANDEZ.
SECRETARIO GENERAL: D.FLORENCIO GARRIDO VELA

FUSION CON OTRAS ASOCIACIONES:
Igualmente, cumpliendo los trámites determinados en los artículos citados en el apartado anterior, y en relación con lo estipulado en el artículo 41 de los Estatutos, se aprobó la fusión y absorción con la Asociación "6 de Julio de Guardias Civiles", legalizada por Sentencia de la Audiencia Nacional de Julio de 1.994, y cuya inscripción en el Registro de Asociaciones se requiere en la citada sentencia, quedando el nombre actual de la Asociación de la forma siguiente: **"COORDINADORA PRO-PERJUDICADOS POR LA GESTION DE LUIS ROLDAN Y LA CORRUPCION- 6 DE JULIO DE GUARDIAS CIVILES".**

Benicasim, 20 de Febrero de 1.995

Fdo José Morata Gargallo
Vocal de Actas

MINISTERIO DEL INTERIOR.-
Registro Nacional de Asociaciones
C/ Amador de los Ríos,7

MADRID.

SENTENCIA DE MODIFICACIÓN DE LOS ESTATUTOS: NACE AUGC

Esta sigla, emblemática de la lucha contra la corrupción y la defensa de los derechos de los guardias civiles y sus familias, sería la precursora del nacimiento de AUGC el 7 de octubre de 1994, marcando el inicio de una era de reivindicaciones por los derechos laborales y profesionales de los guardias civiles.

AUGC, con su firme propósito de ser reconocida como una organización profesional, se enfrentó a un camino lleno de obstáculos. Las barreras burocráticas se materializaron en la negativa del Registro Nacional de Asociaciones a aceptar tanto el cambio estatutario como la modificación del nombre de la asociación, alegando la Administración que la nueva asociación para registrar era, en realidad, una asociación profesional reivindicativa integrada por guardias civiles, es decir, una organización parasindical.

El 1 de octubre de 1998 se celebra una asamblea y se llevan a cabo nuevas modificaciones en los estatutos:

> Constitución y denominación (art. 1); domicilio social (art. 5); derechos de los socios (art. 12); concepto y composición de la Asamblea General (art. 18); y funciones de la Junta Directiva (art. 26). La nueva denominación propuesta es la de «Asociación Unificada de Guardias Civiles contra la Corrupción y el Progreso», denominación que pese a estar en contra se tuvo que adaptar ante el posible rechazo del Registro.

Estos rechazos desencadenaron una serie de batallas judiciales que culminaron con una victoria significativa: la sentencia de la Audiencia Nacional el 14 de enero de 1998, posteriormente ratificada por el Tribunal Supremo, que no solo legitimó los objetivos de la asociación, sino que también reconocía su papel esencial en la promoción de la participación ciudadana y la transparencia administrativa, al expresar que la nueva asociación para inscribir en el Registro «no es una asociación parasindical y además llegó a la conclusión de que los fines de dicha asociación eran lícitos y altamente saludables».

La sentencia concretaba que

> [...] no solo son completamente lícitos dentro del marco de nuestro Ordenamiento Jurídico, sino que son altamente saludables, al articular a través de la

vía asociativa la participación ciudadana, al logro de una Administración que sirva con objetividad los intereses generales, tal y como proclama el art. 103 de la Constitución, a fin de que no se utilicen potestades públicas para el interés privado cuando este difiere del general a que toda actuación pública se debe por mandato del precepto constitucional mencionado.

El contencioso-administrativo sobre el cambio de denominación tuvo que esperar hasta 2002, obteniéndose un pronunciamiento judicial favorable, donde finalmente se logró la denominación de AUGC.

A pesar de estos avances judiciales, el reconocimiento y la expansión de los derechos laborales y profesionales de los guardias civiles continuaron enfrentando una resistencia considerable. El día 12 de diciembre de 1995, el Ministerio de Defensa, decreta la expulsión de la Guardia Civil del sargento José Morata, por su antigua vinculación con el extinto Sindicato Unificado de la Guardia Civil (SUGC). La decisión fue recurrida pero la sentencia definitiva de expulsión llegó publicada en el Boletín Oficial de Defensa con fecha 5 de junio de 1997.

> «Hoy AUGC mantiene el pulso a los altos cargos de la Benemérita, a los políticos y a los Ministerios de Interior y Defensa para reclamar la restitución y el honor de los guardias civiles expulsados del Cuerpo José Morata, Manuel Rosa, José Piñeiro y Manuel Linde». Estos esfuerzos han conllevado propuestas a los distintos grupos parlamentarios del Congreso así como al Gobierno central destacando la importancia de reconocer y resarcir a aquellos que fueron pioneros en la defensa de los derechos laborales dentro del

cuerpo. Esta propuesta busca resolver lo que la AUGC considera una deuda histórica con estos miembros, quienes fueron represaliados por defender el derecho fundamental de asociación profesional.

COLABORACIÓN

AUGC: UN EJEMPLO DE DEFENSA DE VALORES DEMOCRÁTICOS EN LAS FUERZAS DE SEGURIDAD

Joaquim Bosch
Magistrado

La Guardia Civil cuenta con una larga historia y ha convivido con los más diversos y sucesivos sistemas institucionales. Pero, si hay una organización en el Cuerpo que está vinculada a nuestro actual sistema democrático, tiene un nombre muy claro: es la AUGC. Es una asociación que se ha construido, se ha organizado y ha crecido en situaciones a menudo difíciles.

En ese proceso de transformación, los valiosos esfuerzos de la AUGC se han encontrado con todo tipo de obstáculos en sus meritorios treinta años de existencia. Ha habido dificultades de reconocimiento asociativo, por desconfianzas políticas inaceptables, hacia un legítimo movimiento organizado de defensa de los derechos profesionales. Ha habido rechazos o presiones desde concepciones militarizadas poco compatibles con el papel aconsejable de las fuerzas de seguridad en una democracia. Ha habido recelos desde visiones críticas que, erróneamente, se vinculan de forma automática con la actuación policial, con limitaciones de los derechos y libertades.

En contraste con estas perspectivas, la AUGC siempre se ha distinguido por la defensa de los derechos profesionales de sus integrantes, pero también por una concepción constructiva del servicio público en materia de seguridad ciudadana. Y su apuesta ha demostrado que la persecución del delito resulta compatible con la protección de los derechos y libertades de las personas, dentro del sistema de garantías de nuestro marco constitucional.

La Guardia Civil se ha ido adaptando a las necesidades de nuestra sociedad. Sin embargo, para seguir dando pasos adelante, requiere de más medios, de mejor organización interna y de un refuerzo en su estructura profesional. Este último aspecto debe conectarse con el derecho de sindicación, una reivindicación histórica de la AUGC, absolutamente justificada. La defensa de los derechos profesionales es imprescindible para que no se sigan evidenciando situaciones de indefensión, tanto ante los superiores jerárquicos como ante los mandos políticos.

No resulta comprensible que, en una democracia avanzada, haya integrantes de nuestras Fuerzas de Seguridad que puedan sufrir injusticias derivadas de un estatuto profesional inadecuado. Tampoco es admisible que nuestra Constitución permita, en abstracto, ese derecho de sindicación a los miembros de la Guardia Civil, sin que hasta ahora se haya reconocido, al haberse optado siempre por la vía legislativa más restrictiva de los derechos laborales. Además, esta situación se produce en un contexto de agravios comparativos inadmisibles con otros Cuerpos Policiales mejor protegidos legalmente.

Durante más de veinte años como juez instructor, he trabajado siempre simultáneamente con la Policía Local, con la Policía Nacional y con la Guardia Civil y, también de forma puntual, con la Policía Autonómica. Me parece inconcebible, en perjuicio de la Guardia Civil, el mantenimiento de una manifiesta discriminación en diversos aspectos en materia salarial, de derechos profesionales y de regulación disciplinaria. No solo hay un trato desigual ante situaciones iguales: hay incluso elementos injustos de tratamiento peor ante situaciones de riesgo más elevado y de mayor penosidad laboral. Estas consideraciones no suponen desmerecer, en modo alguno, a los restantes Cuerpos Policiales, sino respaldar las peticiones igualitarias que siempre han sido bandera en la actuación de la AUGC.

Una de estas particularidades cuestionables es la vinculada a la jurisdicción militar. No parece muy comprensible que los valores de la justicia castrense se apliquen a miembros de la Guardia Civil, por actuaciones en ámbitos no militares que afectan a sus derechos profesionales. La jurisdicción militar sigue presentando numerosos aspectos que provocan indefensión, garantías insuficientes o regulaciones desfasadas. Los jueces de origen militar pueden estar más expuestos a presiones del poder político o de la cadena de mando, por su propia configuración estatutaria dentro de las Fuerzas Armadas, lo cual afecta a su independencia. El actual sistema de justicia castrense debilita aún más los derechos profesionales de los guardias civiles, como ha alegado correctamente la AUGC.

Por otro lado, la AUGC también se ha distinguido a la hora de desmarcarse de dinámicas internas reprochables, como las que pueden ocurrir igualmente en otros organismos públicos. Los políticos, los jueces o los miembros de las Fuerzas de Seguridad podemos ejercer un poder considerable sobre la ciudadanía, pero eso también implica una elevada responsabilidad al administrarlo. Y, desde tiempo inmemorial, resulta notorio que un poder que no cuenta con límites tiene tendencia al abuso.

Los niveles excesivos de corrupción institucional en España afectan a todo tipo de servidores públicos, por lo que inevitablemente también están presentes en la esfera policial. Todo ello confirma la necesidad de mayores controles, de implantación de mecanismos de transparencia, de instrumentos efectivos de rendición de cuentas. Y, además, también se requiere de una sensibilización asociativa como la que encarna la AUGC en la profesión, desde la perspectiva de la ejemplaridad, que la ha llevado a ser una voz especialmente exigente contra cualquier práctica corrupta que afecte al Cuerpo y a la gestión de los recursos públicos.

La AUGC ha sabido prestar en estos años un impagable servicio a los guardias civiles, a las instituciones y a la ciudadanía. Sus iniciativas en defensa del servicio público de seguridad ciudadana merecen un amplio reconocimiento, especialmente ante las dificultades en las que a menudo ejercen sus labores. Una sociedad democrática necesita unas Fuerzas de Seguridad que actúen como garantía de protección de nuestros principios constitucionales.

CAPÍTULO IV

DÉCADA DE LOS DOS MIL. LEY ORGÁNICA DE DERECHOS Y DEBERES EN LA GUARDIA CIVIL

La lucha por una ley de derechos y deberes para los miembros de la Guardia Civil en España fue un proceso largo y complejo, marcado por la necesidad de equilibrar la tradición y disciplina militar con los derechos fundamentales de los individuos.

Históricamente, la Guardia Civil, por su carácter militar, tenía restricciones específicas en cuanto a derechos laborales y civiles. Los guardias civiles no tenían reconocido, por ejemplo, la legalización de asociaciones profesionales. Esto los colocaba en una posición desventajosa comparada con otros Cuerpos de Seguridad y con la población civil en general, limitando su capacidad para abogar por mejoras laborales y personales; una situación que los guardias civiles no estaban dispuestos a consentir.

Mientras que policías nacionales y autonómicos podían crear sindicatos y asociaciones para negociar mejores condiciones laborales y defender sus derechos, los miembros de la Guardia Civil veían esta posibilidad restringida, lo que limitaba su capacidad para abogar por mejoras laborales y personales. Esta situación generaba un sentimiento de injusticia y descontento dentro del cuerpo, ya que los guardias civiles sentían que sus necesidades y derechos no eran adecuadamente atendidos. La rigidez de las normativas también afectaba a aspectos fundamentales de la vida de los guardias civiles, como los horarios laborales, las condiciones de trabajo y las posibilidades de conciliar la vida profesional y familiar. Muchos guardias civiles y sus familias se enfrentaban a situaciones de estrés y sacrificios personales debido a la falta de flexibilidad y reconocimiento de sus derechos. Este panorama se volvió insostenible con el tiempo, ya que los guardias civiles no estaban dispuestos a consentir una situación que consideraban injusta y desventajosa. El camino hacia la obtención de una ley que reconociera sus derechos fue tortuoso y lleno de obstáculos. A pesar de las restricciones legales los guardias civiles empiezan a movilizarse. Estos movimientos fueron ganando fuerza y visibilidad, y empezaron a recibir el apoyo de sectores de la sociedad civil y de algunos partidos políticos que veían la necesidad de modernizar el cuerpo y garantizar los derechos de sus miembros. Las reivindicaciones de los guardias civiles incluían, entre otras cosas, el derecho a formar asociaciones profesionales, la mejora de las condiciones laborales, una mayor transparencia en los procesos de promoción y ascenso, y el reconocimiento de sus derechos civiles básicos. Estas demandas no eran simplemente peticiones de beneficios adicionales, sino que representaban una lucha por la dignidad y el reconocimiento de su labor dentro de un marco de derechos fundamentales. Finalmente, tras años de presión y negociación, se logró avanzar en la creación de una ley que reconociera los derechos y deberes de los miembros de la Guardia Civil. Esta ley fue un paso significativo hacia la modernización del cuerpo, equilibrando la necesaria disciplina militar con el respeto a los derechos fundamentales de sus miembros. La aprobación de esta ley no solo supuso un avance inicial para los guardias civiles, sino que también representó un compromiso del Estado con la justicia y el reconocimiento de los derechos de todos sus ciudadanos, independientemente de su función y naturaleza profesional. La implementación de la nueva normativa ha permitido a los guardias civiles disfrutar de derechos similares a los de otros cuerpos de seguridad, mejorando su capacidad para organizarse, negociar y defender sus intereses. Además, ha contribuido a mejorar el ambiente laboral dentro del cuerpo, fomentando una mayor cohesión y satisfacción entre sus miembros. En conclusión, la lucha por una ley de derechos y deberes para los miembros de la Guardia Civil en España fue un proceso arduo pero necesario, que refleja la evolución de la sociedad española hacia un modelo más justo y equitativo. Este proceso ha dejado una lección importante sobre la importancia de los derechos fundamentales y la necesidad de adaptarse a los cambios sociales sin perder de vista la misión esencial de las instituciones de seguridad.

LA PRIMERA CONCENTRACIÓN DE GUARDIAS CIVILES EN DEMOCRACIA, «SIN MIEDO»

La historia de la Guardia Civil, uno de los Cuerpos de Seguridad más emblemáticos y antiguos de España, ha estado marcada por una constante lucha por el reconocimiento de derechos laborales y profesionales para sus integrantes que no se hizo esperar.

Ocurrió la mañana del sábado 22 de abril de 2006 en la madrileña plaza Mayor. Por primera vez en la historia de nuestra democracia, guardias civiles, bajo el lema «sin miedo», por la dignidad y por la democracia, salieron a la calle a reivindicar sus derechos a cara descubierta. En esta concentración, no estuvieron solos, ya que fueron apoyados por representantes de policías europeos de Irlanda del Norte, Eslovaquia, Escocia, Bélgica, Finlandia, Suiza, Alemania y Portugal, integrados en EuroCop, organización que agrupa a más de una treintena de sindicatos de policías en Europa; se concentraron así para respaldar una inequívoca reivindicación: los derechos de los guardias civiles.

La concentración "sin miedo" mostró la voluntad de los guardias civiles de participar activamente en la defensa de sus derechos, alzando su voz y marcando un precedente para futuras acciones y reivindicaciones.

ENTRE LA ESPERANZA Y LA REALIDAD: «EL DÍA QUE TODO CAMBIÓ»

Esta lucha encuentra un punto de inflexión significativo en los eventos que transcurrieron durante el año 2007, un año que quedaría grabado en la memoria colectiva de la institución y que marcaría un antes y un después en su historia laboral y social. En un acto de desafío y reivindicación sin precedentes, el 20 de enero de 2007 AUGC convocó una manifestación en la emblemática plaza Mayor de Madrid. Esta convocatoria no fue un evento más en la agenda social española; marcó la primera vez que un número significativo de guardias civiles, exactamente 3000, según las estimaciones, decidió asistir con su uniforme reglamentario. Con este acto simbólico, no solo se buscaba llamar la atención sobre sus demandas, sino también demostrar la unidad y la seriedad de su lucha por derechos fundamentales que habían sido largamente negados. La respuesta a esta manifestación no se hizo esperar.

Aquella mañana, miles de valientes acudieron al llamamiento realizado desde AUGC, vencieron el miedo y decidieron salir a la calle para reivindicar, bajo el lema de «DERECHOS ¡YA!», el acceso a los derechos fundamentales de los que ya disponían todos los ciudadanos, con la llegada de la democracia, y a un estatuto profesional con el que se regulase unas condiciones profesionales, sociales y económicas acordes con el de los demás policías españoles.

La plaza Mayor de Madrid volvió a ser entonces el escenario elegido por más de tres mil guardias civiles y sus familias para manifestarse y salir por primera vez en la historia vestidos de uniforme en busca de una modernización y desmilitarización de la Guardia Civil.

Celebrada aquella manifestación, el Consejo Superior de la Guardia Civil, integrado por todos los generales en activo del Cuerpo, propusieron que recayera sobre sus principales organizadores penas duras y contundentes, incluida la expulsión de sus organizadores, ya que se acusó a los sancionados de crear «alarma social», al sugerir a los ciudadanos que «aquellos que estaban para protegerlos y servirlos se sentían capaces de saltarse las órdenes de sus superiores y sus propias normas de actuación».

Aquella manifestación del 20 de enero tuvo un gran impacto en los medios de comunicación y en toda la sociedad española. El entonces director de la Policía y la Guardia Civil, Joan Mesquida, consideró rebajar el tono de las penas propuestas por los generales y, en un gesto para establecer un antes y después de la regulación del asociacionismo en el Cuerpo, se rebajaron esas peticiones.

Las movilizaciones dieron resultados. En un giro inesperado, pero quizá necesario, los poderes legislativo y ejecutivo se vieron obligados a prestar atención a las demandas de los guardias civiles. El resultado fue la aprobación de dos leyes orgánicas el 13 de noviembre de 2007, destinadas a regular un régimen de «derechos y deberes» para los miembros de la Guardia Civil. Estas leyes, aunque representaron un avance en determinados aspectos, como la eliminación del arresto como sanción disciplinaria gracias a la sentencia del Tribunal de Derechos Humanos del 2 de noviembre de 2006, «demanda promovida por Dacosta Silva con el apoyo jurídico de AUGC», revolucionó el estatuto jurídico y de derechos de los guardias civiles. Esto motivó que, más tarde, se tuvieran que modificar la ley disciplinaria y la exclusión del Código Penal Militar en funciones policiales aunque, en realidad, estas modificaciones se quedaron cortas para responder a las aspiraciones reales de los guardias civiles. Uno de los aspectos más controvertidos de estas reformas fue el tratamiento del derecho de asociación profesional. Aunque se introdujo este derecho como una novedad, la ausencia de garantías sindicales básicas para las asociaciones profesionales significaba que, en la práctica, estos grupos carecían de herramientas efectivas para la representación y la negociación.

Esta situación perpetuó un estancamiento en cuanto a mejoras profesionales, sociales y económicas para los guardias civiles; cuestión que hizo que el 18 de octubre de 2008 más de diecinueve mil agentes, entre guardias civiles y policías nacionales, convocados por AUGC y el

Sindicato Unificado de Policía (SUP), se manifestaran en la plaza de Colón de Madrid para reclamar la equiparación salarial respecto al resto de Cuerpos Policiales y el desarrollo del derecho de asociación profesional en la Guardia Civil.

CONSEIL DE L'EUROPE — COUNCIL OF EUROPE

COUR EUROPÉENNE DES DROITS DE L'HOMME
EUROPEAN COURT OF HUMAN RIGHTS

FIFTH SECTION

CASE OF DACOSTA SILVA v. SPAIN

(Application no. 69966/01)

JUDGMENT

STRASBOURG

2 November 2006

Sentencia del Tribunal de Derechos Humanos. Demanda promovida por Dacosta Silva, con el apoyo jurídico de AUGC

35. A este respecto, el Tribunal observa que el objeto de la reserva española era el régimen disciplinario de las fuerzas armadas, que se regía por el Código de Justicia Militar en el momento de la reserva (1979) y posteriormente por la Ley Fundamental no. . 12/1985, de 27 de noviembre de 1985, que la Parte Contratante comunicó al Consejo de Europa en 1986. El régimen disciplinario de las fuerzas armadas se rige actualmente por la Ley Fundamental núm. 8/1998, de 2 de diciembre, en un cambio legislativo que aún no ha sido notificado al Consejo de Europa.

En virtud del artículo 15 de la Ley Fundamental núm. 2/1986, de 13 de marzo, la Guardia Civil, como institución integrada en "las fuerzas de seguridad del Estado", debe tener su propio régimen disciplinario específico. De hecho, el Tribunal Constitucional se refirió expresamente a esa exigencia en su sentencia núm. 194/1989, que contribuyó a la promulgación de la Ley Fundamental núm. 11/1991 sobre régimen disciplinario de la Guardia Civil.

36. Es, a juicio del Tribunal, difícil argumentar que la reserva española relativa al régimen disciplinario de las fuerzas armadas sea aplicable a una norma posterior que se introdujo precisamente para establecer el régimen disciplinario de la Guardia Civil como un régimen específico a dicha institución y, en consecuencia, diferente del aplicable a las fuerzas armadas.

37. El Tribunal observa, en primer lugar, que de conformidad con el artículo 57.1 del Convenio sólo las leyes "vigentes" en el territorio del Estado contratante pueden ser objeto de una reserva (ver Stallinger y Kuso c. Austria, 23 de abril 1997, § 48, Informes de Sentencias y Decisiones 1997-II). Ley Fundamental núm. 11/1991 no estaba en vigor ni en 1979, cuando se formuló la reserva, ni en 1986, cuando se actualizó la reserva respecto del régimen disciplinario de las fuerzas armadas.

43. El Tribunal observa que para cumplir con las disposiciones del artículo 5.1 (a) del Convenio, la privación de libertad debe resultar de una orden judicial. Debe ser impuesto por un tribunal competente que tenga poder para juzgar el caso, sea independiente del ejecutivo y ofrezca garantías judiciales adecuadas.

44. En el presente caso, el Tribunal observa que el demandante cumplió seis días de arresto domiciliario y, por lo tanto, fue privado de su libertad en el sentido del artículo 5 del Convenio. La orden de arresto domiciliario, dictada por su superior jerárquico, era inmediatamente ejecutable (véase "Derecho nacional e internacional pertinente", supra, artículo 54(1) de la Ley nº 11/1991, de 17 de junio de 1991). Por lo tanto, el recurso contra dicha sanción no tuvo ningún efecto suspensivo (véase Engel y otros c. Países Bajos, 8 de junio de 1976, § 68, Serie A, núm. 22). En tales procedimientos, el superior jerárquico ejerce su autoridad dentro de la jerarquía de la Guardia Civil y depende de otras autoridades superiores, por lo que no es independiente de ellas. Dado que los procedimientos disciplinarios tienen lugar ante el superior jerárquico, no ofrecen las garantías judiciales exigidas por el artículo 5 § 1 (a). En consecuencia, el arresto domiciliario del demandante no equivalía a una detención legal "tras la condena de un tribunal competente".

45. Por lo tanto, se ha producido una violación del artículo 5 § 1 (a) del Convenio.

Por aquella manifestación del 20 de enero de 2007, fueron sancionados 20 guardias civiles y 1 militar por organizar el acto. Se suspendió sancionado con un año de suspensión de servicio y pérdida de destino al secretario general de la Asociación Unificada de Guardias Civiles (AUGC), Joan Miquel Perpinya, seis meses de suspensión de servicio, el entonces secretario de Comunicación, Juan Antonio Delgado Ramos, que ejerció como conductor del acto, y durante tres meses el resto de los 19 expedientados, entre miembros de la Junta Directiva Nacional de la Asociación y secretarios provinciales, y al secretario general de la Asociación Unificada de Militares Españoles (AUME) Jorge Bravo, quien cumplió pena de prisión por participar en el acto.

POLICÍA NACIONAL Y GUARDIA CIVIL POR LA DIGNIDAD ECONÓMICA Y PROFESIONAL

En aquel momento la situación perpetuó un estancamiento en cuanto a mejoras profesionales, sociales y económicas no solo para los guardias civiles sino también para los policías nacionales, cuestión que hizo que el 18 de octubre de 2008 más de 20.000 agentes entre guardias civiles y policías nacionales convocados por AUGC y el Sindicato unificado de Policía (SUP) se manifestaran en la Plaza Colón de Madrid para reclamar la equiparación salarial respecto al resto de cuerpos policiales y el desarrollo del derecho de asociación profesional en la Guardia Civil. Una histórica manifestación donde confluyeron policías y guardias civiles y que habría que remontarse a la histórica manifestación por la seguridad social en 1976.

Durante años, los miembros de la Policía Nacional y la Guardia Civil habían denunciado las desigualdades salariales y laborales en comparación con otros cuerpos de seguridad autonómicos, como los Mossos d'Esquadra en Cataluña y la Ertzaintza en el País Vasco. Estas desigualdades no solo afectaban los salarios, sino también las condiciones laborales, los recursos disponibles y el reconocimiento profesional. El malestar se fue acumulando a lo largo de los años, alimentado por la percepción de injusticia y desventaja frente a sus homólogos autonómicos. Las demandas de mejoras salariales y laborales no eran nuevas, pero la falta de respuestas concretas por parte del gobierno central intensificó la insatisfacción y la necesidad de una acción colectiva. La manifestación organizada por AUGC y el SUP, dos de las entidades más representativas de ambos cuerpos trabajaron en conjunto para coordinar esfuerzos y movilizar a sus afiliados, así como para captar el apoyo de la sociedad en general.

Las principales demandas de los manifestantes incluían:

—Equiparación salarial con otros cuerpos de seguridad autonómicos
—Mejora de las condiciones laborales, incluyendo jornadas de trabajo, descansos y recursos
—Reconocimiento y respeto profesional
—Mayor inversión en formación y equipamiento
—Derechos de asociación y negociación colectiva, especialmente para los guardias civiles, quienes enfrentaban mayores restricciones debido a su carácter militar.

Uno de los desafíos más significativos que se encontraron los policías nacionales y guardias civiles para la celebración de esta manifestación fue la fuerte oposición del Ministerio del Interior. El intento del ministerio de impedir la manifestación reflejaba una tensión latente entre el Gobierno y las FCSE. El Ministerio del Interior expresó su preocupación por la posible alteración del orden público durante la manifestación argumentando que la concentración de un gran número de agentes de seguridad podría poner en riesgo la seguridad en otras áreas, especialmente si los agentes destinados a proteger las calles de Madrid participaban en la protesta. Además, temían que una protesta masiva pudiera derivar en enfrentamientos o disturbios que afectaran a la ciudadanía. Otro argumento clave del Ministerio del Interior se centraba en la preservación de la disciplina y el orden dentro de la Guardia Civil. Dado el carácter militar de este cuerpo, el Gobierno temía que permitir la manifestación pudiera sentar un precedente que debilitara la estructura jerárquica y la disciplina militar en la Guardia Civil. Para el ministerio, era crucial mantener una línea clara entre el carácter civil y militar de las fuerzas de seguridad, y una manifestación de estas características podría difuminar esa línea. También se implementaron diversas restricciones administrativas para dificultar la organización de la manifestación. Estas restricciones incluyeron la denegación de permisos necesarios para la realización del evento y la imposición de trámites burocráticos adicionales, ademas intentó disuadir a los organizadores de la manifestación mediante negociaciones y presiones. Se llevaron a cabo reuniones entre representantes del gobierno y de las asociaciones y sindicatos convocantes, en un esfuerzo por alcanzar un acuerdo que evitara la protesta. Durante estas negociaciones, las autoridades ofrecieron promesas de futuras mejoras salariales y condiciones laborales, aunque estas promesas fueron consideradas insuficientes por los organizadores. AUGC y SUP también exploraron recursos legales para garantizar que la manifestación pudiera llevarse a cabo. Presentaron recursos ante los tribunales para impugnar las restricciones impuestas por el ministerio y para defender su derecho a la protesta pacífica. Estos recursos legales destacaron la importancia del derecho a la libre expresión y a la manifestación como derechos fundamentales en una democracia. La determinación y resistencia de AUGC y SUP, finalmente permitieron que la manifestación se llevara a cabo, marcando un hito en la lucha por los derechos laborales y la equiparación de condiciones para policías nacionales y guardias civiles.

Los guardias civiles empiezan a percibir el asociacionismo como una herramienta útil para defender sus derechos y qué mejor organización que AUGC para llevarlo a cabo. La afiliación crece a un ritmo vertiginoso, pasando de los casi nueve mil del año 2000 a los veintiocho mil en el año 2008, llegando a superar los treinta mil. Las manifestaciones abren el camino, pues logran convocar el 22 de enero de 2009 las primeras elecciones al Consejo de la Guardia Civil, donde AUGC, con una victoria abrumadora, obtiene el 75,36 % del total de votos emitidos. Ahora sí, los guardias civiles tendrían representación en un órgano colegiado de la Administración con el fin de mejorar sus condiciones laborales y el funcionamiento del instituto.

AUGC seguía adelante. Sin duda, su voz comenzaría a ser tenida mucho más en cuenta; una voz que, desde entonces, no ha dejado de sonar alta y clara, como demuestran las manifestaciones que tendrán lugar en 2010.

CAPÍTULO V

DÉCADA DE LOS DOS MIL DIEZ. DERECHO DE MANIFESTACIÓN. RECORRIDO POR LAS MANIFESTACIONES CONVOCADAS. EQUIPARACIÓN SALARIAL

El derecho de reunión y manifestación de los guardias civiles se erige como un testimonio de la constante lucha por los derechos civiles en un entorno de restricciones y desafíos legales, y prueba de ello son las numerosas manifestaciones públicas y trascendentes a pie de calle que esta organización lideró.

Representan un desafío directo a las restricciones históricamente impuestas a los guardias civiles, especialmente en un contexto donde su capacidad para expresar disconformidades ha estado limitada por reglamentos internos y la aplicación de normativas militares restrictivas. En este ambiente, cada acto de manifestación pública adquiere una significación adicional, no solo como un medio para exigir cambios, sino también como un espacio de empoderamiento y afirmación de su identidad como defensores del orden público y, simultáneamente, como ciudadanos con derechos. Además, estas acciones han servido para iluminar y traer al debate público las particularidades de la situación de los guardias civiles, fomentando un diálogo más amplio sobre la necesidad de reformas en las políticas de seguridad y las condiciones laborales.

Cada manifestación se convierte en una narrativa visual que captura la atención de la sociedad y de los medios, creando oportunidades para que la opinión pública comprenda y, potencialmente, apoye sus causas. La capacidad de organización y la resolución mostrada en estas situaciones también refleja una evolución en la percepción y el tratamiento de los derechos laborales dentro de la Guardia Civil. A través de su persistencia y la articulación clara de sus demandas, AUGC ha logrado incidir en debates legislativos y políticas internas, buscando siempre la mejora continua de las condiciones de trabajo y el respeto a los derechos humanos y civiles de sus miembros. Este aspecto de su labor es fundamental no solo para su membresía, sino para el mantenimiento de un sistema de seguridad pública que sea justo, efectivo y respetuoso con los derechos de todos quienes forman parte de él. La lucha de los guardias civiles por su derecho a manifestarse es, en última instancia, una lucha por la democratización y modernización de la institución a la que sirven, lo que subraya la interconexión entre los derechos laborales y los derechos civiles en el contexto de las Fuerzas de Seguridad del Estado.

«HUELGA DE BOLIS CAÍDOS»

El clima de frustración y desmotivación provocado en el colectivo de guardias civiles y la cerrazón de sus mandos y responsables políticos a avanzar en la mejora de las condiciones laborales del colectivo mediante una jornada laboral digna y homologada al resto de Cuerpos Policiales motivó que, en julio de 2010, las denuncias de tráfico cayeran en la Guardia Civil hasta el 90 %. La histórica Huelga de Bolis Caídos, como fue denominada por los medios de comunicación a la caída en picado de las multas de tráfico, se generalizó por todo el país.

Este evento marcó un hito en la movilización de los guardias civiles. Era un forma simbólica de protesta en la que los agentes dieron preferencia a la labor pedagógica sobre los conductores más que sancionadora, primando la seguridad vial y del tráfico. El Gobierno nunca reconoció públicamente esta huelga, pero no ajeno a ella se vio obligado a tomar en consideración a los representantes de la AUGC.

→ ABC → España → Madrid

Las multas de la Guardia Civil bajan hasta un 90%

Los recortes y la precariedad laboral provocan malestar en la Benemérita

Las multas de la Guardia Civil bajan hasta un 90% // ABC

CARLOS HIDALGO

21/07/2010
Actualizado 29/07/2010 a las 13:11h.

«POR UNA JORNADA LABORAL DIGNA»

Por primera vez, y frente a la sede de la Dirección General de la Guardia Civil, el 18 de septiembre de 2010 más de diez mil guardias civiles y sus familias, desafiando la prohibición impuesta por la Delegación del Gobierno de Madrid a manifestarse, se congregaron en un acto de protesta pacífica para reivindicar sus derechos. Este acontecimiento no solo fue notable por su escala, sino también por la sentencia del Tribunal Superior de Justicia de Madrid promovida por AUGC, donde se afirmaba con vehemencia que los guardias civiles son, sin lugar a duda, titulares de derechos fundamentales reconocidos en la Constitución Española. Esta situación fue compleja, ya que involucró una prohibición inicial basada en interpretaciones restrictivas del derecho sindical, seguida por una apelación judicial que subrayó la distinción entre los derechos sindicales y las libertades asociativas en el ámbito profesional de la Guardia Civil. Este matiz legal, crucial para la sentencia favorable, resaltó un importante principio: la existencia de espacios legítimos para la representación y defensa de intereses profesionales, incluso dentro de Cuerpos sujetos a restricciones específicas, como es el caso de la Guardia Civil. Sin embargo, la victoria obtenida en 2010 no señaló el fin de los desafíos para los guardias civiles.

El contexto de crisis social y económica de 2011 ofreció un pretexto para que el Gobierno llevase al efecto recortes a los derechos de este colectivo, bajo el argumento de la necesidad de «limitar potenciales disturbios sociales». Este razonamiento culminó en la aprobación de la Ley Orgánica 11/2011, que significó un retroceso en los derechos de reunión y manifestación específicamente para la Guardia Civil, alineándose más estrechamente con las restricciones ya presentes en las Fuerzas Armadas. La ironía de esta situación reside en el acuerdo entre los principales grupos parlamentarios de la época para imponer restricciones a los miembros de la Guardia Civil, un acto que parecía contravenir la lógica democrática y los principios de derechos civiles para AUGC.

El recorrido hacia la democratización y el reconocimiento pleno de los derechos de los guardias civiles se ha manifestado como un terreno marcado por la adversidad y la resistencia institucional. A lo largo de este camino, dos eventos críticos resaltan no solo por su impacto directo sobre la Guardia Civil, sino también por lo que representan en el contexto más amplio de los derechos laborales y civiles. Primero, la modificación del Código Penal Militar para reafirmar su aplicabilidad sobre los guardias civiles, incluso en el desempeño de funciones policiales, marca un paso regresivo en el reconocimiento de la singularidad de su labor, donde se combinan aspectos de funciones policiales con deberes militares. Esta medida, en esencia, diluye la distinción entre las funciones civiles y militares, sometiendo a los guardias civiles a un régimen disciplinario que no siempre refleja la naturaleza de su trabajo diario. El segundo hito, aún más revelador en términos de restricciones a los derechos civiles, es la reforma del régimen disciplinario que se alinea con el de las Fuerzas Armadas, ignorando la existencia de un código disciplinario específico para la Guardia Civil. Con esta reforma, lejos de ajustarse a las peculiaridades del Cuerpo, se busca estandarizar las sanciones y limitaciones, especialmente en lo que respecta al derecho de reunión y la libertad de expresión. Elevando la infracción a falta muy grave por participar en manifestaciones y restringiendo de manera excesiva la neutralidad política y sindical, estas medidas parecen tener como objetivo último silenciar cualquier forma de disidencia o reivindicación. La respuesta institucional a estos desafíos ha sido, por momentos, draconiana. El ingreso de guardias civiles en prisiones militares por faltas administrativas menores subraya la severidad de las restricciones impuestas y destaca la urgencia de una campaña de protestas liderada por AUGC. Estas protestas, enfrentadas con expedientes disciplinarios y la prohibición de manifestaciones, evidencian un conflicto más profundo entre el derecho a la asociación y la expresión y una interpretación restrictiva de la disciplina y la neutralidad. La decisión del Tribunal Superior de Justicia de Madrid de apoyar el derecho de los guardias civiles a manifestarse, reconociendo su doble papel como funcionarios y ciudadanos, es un recordatorio potente de la primacía de los derechos fundamentales. Este fallo no solo reafirma la legalidad de las reivindicaciones profesionales a través de asociaciones, sino que también cuestiona la lógica de prohibir actividades reivindicativas por considerarlas inherentemente contrarias a la disciplina o a la neutralidad política. La narrativa de estos eventos subraya la complejidad de garantizar los derechos laborales y civiles dentro de instituciones históricamente sujetas a rigurosos controles disciplinarios y limitaciones de derechos. La lucha por la democratización de la Guardia Civil es emblemática de un desafío mayor: equilibrar la necesidad de disciplina y orden como Cuerpo de naturaleza militar y la de un Cuerpo de Seguridad con el respeto incondicional a los derechos fundamentales de sus miembros.

PREMIO NACIONAL DE DERECHOS HUMANOS

En reconocimiento a su incansable esfuerzo y dedicación en la promoción y protección de los derechos fundamentales, tanto dentro de la institución de la Guardia Civil como en la sociedad española en general, el 25 de noviembre de 2010 AUGC fue galardonada con el Premio Nacional de Derechos Humanos otorgado por la Asociación Pro Derechos Humanos de España (APDHE). Este premio destaca su labor en la lucha por garantizar un ambiente de trabajo justo y respetuoso para los miembros de la Guardia Civil, promoviendo la igualdad, la integridad y el respeto mutuo. AUGC ha desempeñado un papel crucial en la identificación y denuncia de prácticas y políticas que podrían vulnerar los derechos humanos de sus asociados, trabajando incansablemente para asegurar que las voces de los guardias civiles sean escuchadas y consideradas en la mejora de las condiciones laborales y en la reforma de las políticas internas. Su compromiso con la transparencia, la equidad y la justicia ha sido un faro de esperanza para muchos, y este premio nacional reconoce y celebra su contribución significativa al avance de los derechos humanos en España.

La entrega del premio a AUGC no solo honra sus logros pasados, sino que también subraya la importancia continua de su misión en un momento en el que los desafíos a los derechos humanos son cada vez más complejos y globales. Este reconocimiento sirve como un recordatorio poderoso de que la lucha por los derechos humanos es una responsabilidad compartida, y la dedicación de AUGC a esta causa es un ejemplo inspirador para organizaciones e individuos por igual. La ceremonia de entrega del premio se celebró en un acto conmemorativo que contó con la presencia de importantes figuras del ámbito de los derechos humanos y miembros del Gobierno, así como representantes de diversas organizaciones no gubernamentales y asociaciones civiles. En este evento, AUGC reafirmó su compromiso de continuar trabajando por la justicia, la equidad y la protección de los derechos humanos, no solo para los miembros de la Guardia Civil, sino para toda la sociedad. Este premio refuerza la visión de que un Cuerpo de Seguridad puede y debe ser un pilar fundamental en la defensa y promoción de los derechos humanos.

CONTRA EL TERRORISMO DE ETA

AUGC ha mantenido una postura firme frente a la amenaza de Euskadi Ta Askatasuna (ETA), ejerciendo como acusación particular en juicios donde guardias civiles o sus familiares fueron víctimas. Esta asociación se distingue por su compromiso en defender a sus miembros afectados por actos terroristas en los tribunales.

Uno de los momentos clave en su historia fue durante el atentado a la casa cuartel en Vic (Barcelona) en 1991. El 29 de mayo un vehículo cargado de explosivos detonó cerca de las residencias de los guardias civiles, sin advertencia alguna. En este trágico suceso, el guardia civil Pedro Rodríguez Mateo perdió la vida, y varios agentes resultaron heridos.

Este evento marcó un antes y un después para AUGC, consolidándola como una figura esencial en el apoyo a los guardias civiles y sus familias víctimas del terrorismo. Después de este ataque, la asociación alcanzó otro logro significativo: por primera vez, una organización de guardias civiles se sienta en un tribunal frente a los terroristas que han atentado contra ellos, y les piden cuentas por sus crímenes a través de su personación en la causa. Este hecho representó un cambio de paradigma, presentando un desafío tanto para los miembros de ETA como para su defensa legal.

En este sentido, el 22 de octubre de 2011, en la sede

principal de Gobierno Vasco en Vitoria, bajo el lema «En la verdadera paz no hay sitio para el odio», medio centenar de guardias civiles convocados por AUGC llevaron por primera vez una concentración histórica en apoyo a los guardias civiles destinados en Navarra y el País Vasco y contra el terrorismo de ETA. En esta concentración destacó la participación de María Jesús González, quien, al igual que su hija, Irene Villa, resultó herida en un atentado de ETA en Madrid en 1991.

Tras cuarenta y dos años de crueles atentados, la banda terrorista ETA asesinó a más de 850 ciudadanos, entre quienes se encuentran civiles, políticos, miembros de la judicatura, *ertzainas,* policías, militares y 210 guardias civiles.

MAREA DE TRICORNIOS: «POR UN FUTURO CON DERECHOS»

La «Marea de Tricornios», llevada a cabo el 14 de noviembre de 2015, se destacó por reunir a más de doce mil guardias civiles y sus familiares frente a la sede de la Dirección General de la Guardia Civil en Madrid. Esta manifestación fue un hito en la lucha por los derechos sociolaborales de los guardias civiles, marcada por el contexto de los atentados terroristas en París, lo que llevó a los organizadores a expresar su solidaridad con las víctimas y el pueblo francés desde el inicio del evento. En ella se criticó la postura del Gobierno y las condiciones laborales de los guardias civiles, señalando una discriminación social, laboral y económica comparada con otros Cuerpos Policiales. Con la manifestación, se buscó reivindicar mejoras laborales y expresar el descontento contra las restricciones a derechos fundamentales como la manifestación, reunión y libertad de expresión. La marcha fue autorizada por el Tribunal Superior de Justicia de Madrid, tras ser inicialmente prohibida, como en anteriores ocasiones, por la Delegación de Gobierno, lo que subraya la lucha de AUGC por reconocer los derechos de manifestación de los guardias civiles, una batalla que finalmente encontró respaldo en el fallo del Tribunal Supremo. La Marea de Tricornios inundó Madrid con más de diez mil guardias que piden igualdad. Este evento no solo representó una demanda por mejores condiciones laborales, sino también una crítica a la represión y un llamamiento al reconocimiento de los guardias civiles como ciudadanos con plenos derechos. La Marea de Tricornios se ha convertido en un símbolo de la perseverancia y la lucha por la dignidad y los derechos dentro del cuerpo de la Guardia Civil en España.

DERECHO DE MANIFESTACIÓN: LOS GUARDIAS CIVILES YA PUEDEN MANIFESTARSE

En un logro histórico para la Asociación Unificada de Guardias Civiles, el Tribunal Supremo de España reconoció definitivamente el derecho de manifestación de los guardias civiles, una decisión que marcó un punto de inflexión en la lucha por los derechos sociolaborales dentro del cuerpo. Esta victoria judicial, concretamente mediante la sentencia número 512/2017 de la Sala de lo Contencioso-Administrativo del Tribunal Supremo por la que se resuelve el recurso de casación interpuesto por la Abogacía del Estado, a su vez, contra la sentencia 642/2015 del TSJ de Madrid,desestimó las pretensiones de la Abogacía del Estado contra una sentencia anterior del Tribunal Superior de Justicia de Madrid, que ya había favorecido a AUGC permitiendo la convocatoria y realización de la manifestación conocida como la "Marea de Tricornios" en noviembre de 2015. Este fallo subrayó la importancia del derecho a la reunión y la manifestación como fundamentales para cualquier trabajador, incluidos los guardias civiles, reconociéndose como ciudadanos con plenos derechos, consagrando definitivamente el derecho de manifestación de los guardias civiles.

Este reconocimiento fue crucial para que los guardias civiles reivindiquen a día de hoy mejoras laborales, sociales y económicas dentro de la Guardia Civil. La decisión es vista no solo como una victoria para los guardias civiles, sino también como un recordatorio de la importancia de la democracia, la transparencia y el avance profesional dentro de las fuerzas y cuerpos de seguridad. Además, subrayó el esfuerzo constante y el trabajo meticuloso de los servicios jurídicos de AUGC, que a través de su dedicación han logrado conquistar durante estos últimos 30 años derechos esenciales para los guardias civiles, a pesar de la resistencia institucional. Este acontecimiento no solo representó un avance significativo en la lucha por los derechos laborales de los guardias civiles, sino que estableció un precedente importante para el ejercicio de derechos fundamentales dentro de cuerpos sujetos a disciplina militar o estructuras similares en España. La resolución del Tribunal Supremo es un claro mensaje de que los derechos civiles y laborales deben ser respetados y garantizados para todos, sin importar su ocupación o estatus.

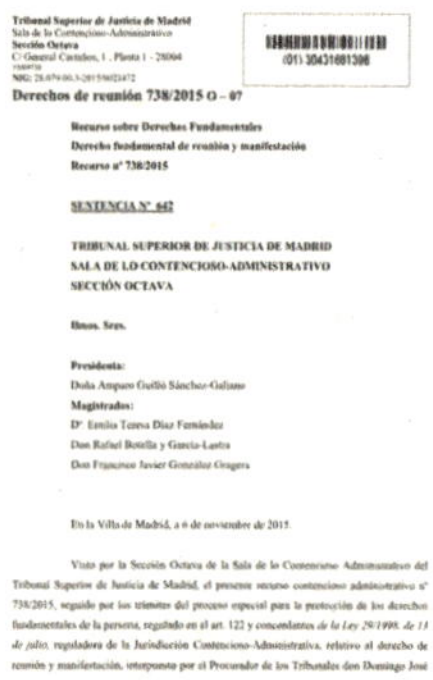

Tribunal Superior de Justicia de Madrid
Sala de lo Contencioso-Administrativo
Sección Octava
C/ General Castaños, 1 , Planta 1 - 28004

(01) 30431681306

Derechos de reunión 738/2015 O – 07

Recurso sobre Derechos Fundamentales
Derecho fundamental de reunión y manifestación
Recurso nº 738/2015

SENTENCIA Nº 642

TRIBUNAL SUPERIOR DE JUSTICIA DE MADRID
SALA DE LO CONTENCIOSO-ADMINISTRATIVO
SECCIÓN OCTAVA

Ilmos. Sres.

Presidenta:
Doña Amparo Guilló Sánchez-Galiano
Magistrados:
Dª. Emilia Teresa Díaz Fernández
Don Rafael Botella y García-Lastra
Don Francisco Javier González Gragera

En la Villa de Madrid, a 6 de noviembre de 2015.

Visto por la Sección Octava de la Sala de lo Contencioso-Administrativo del Tribunal Superior de Justicia de Madrid, el presente recurso contencioso administrativo nº 738/2015, seguido por los trámites del proceso especial para la protección de los derechos fundamentales de la persona, regulado en el art. 122 y concordantes *de la Ley 29/1998, de 13 de julio,* reguladora de la Jurisdicción Contencioso-Administrativa, relativo al derecho de reunión y manifestación, interpuesto por el Procurador de los Tribunales don Domingo José

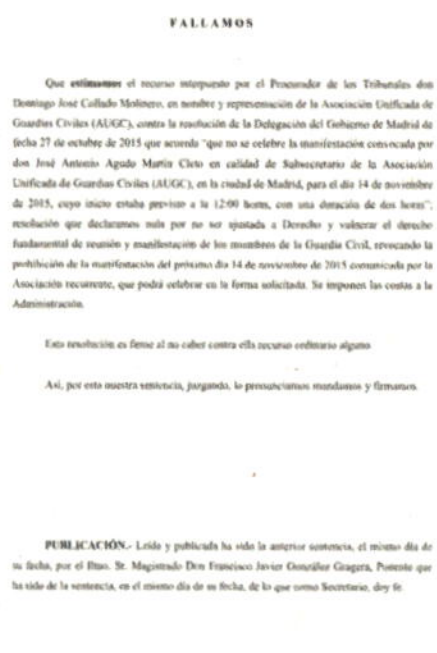

FALLAMOS

Que **estimamos** el recurso interpuesto por el Procurador de los Tribunales don Domingo José Collado Molinero, en nombre y representación de la Asociación Unificada de Guardias Civiles (AUGC), contra la resolución de la Delegación del Gobierno de Madrid de fecha 27 de octubre de 2015 que acuerda "que no se celebre la manifestación convocada por don José Antonio Agudo Martín Cleto en calidad de Subsecretario de la Asociación Unificada de Guardias Civiles (AUGC), en la ciudad de Madrid, para el día 14 de noviembre de 2015, cuyo inicio estaba previsto a la 12:00 horas, con una duración de dos horas"; resolución que declaramos nula por no ser ajustada a Derecho y vulnerar el derecho fundamental de reunión y manifestación de los miembros de la Guardia Civil, revocando la prohibición de la manifestación del próximo día 14 de noviembre de 2015 comunicada por la Asociación recurrente, que podrá celebrar en la forma solicitada. Se imponen las costas a la Administración.

Esta resolución es firme al no caber contra ella recurso ordinario alguno.

Así, por esta nuestra sentencia, juzgando, lo pronunciamos mandamos y firmamos.

PUBLICACIÓN.- Leída y publicada ha sido la anterior sentencia, el mismo día de su fecha, por el Ilmo. Sr. Magistrado Don Francisco Javier González Gragera, Ponente que ha sido de la sentencia, en el mismo día de su fecha, de lo que como Secretario, doy fe.

RECURSO CASACIÓN EN INTERES DE LA LEY núm. 357/2016
Ponente: Excmo. Sr. D. Rafael Toledano Cantero
Letrada de la Administración de Justicia: Ilma. Sra. Dña. María Josefa Oliver Sánchez

TRIBUNAL SUPREMO
Sala de lo Contencioso-Administrativo
Sección Cuarta
Sentencia núm. 512/2017

Excmos. Sres. y Excmas. Sras.
D. Jorge Rodríguez-Zapata Pérez, presidente
D. Pablo Lucas Murillo de la Cueva
Dª. Celsa Pico Lorenzo
Dª. María del Pilar Teso Gamella
D. José Luis Requero Ibáñez
D. Rafael Toledano Cantero

En Madrid, a 24 de marzo de 2017.

Esta Sala ha visto el recurso de casación en interés de la Ley núm. 357/2016, promovido por la Administración General del Estado, representada y asistida por la Abogacía del Estado, contra la sentencia núm. 642, de 6 de noviembre de 2015, dictada por la Sección Octava de la Sala de lo Contencioso-Administrativo del Tribunal Superior de Justicia de Madrid, recaída en el procedimiento de derecho de reunión núm. 738/2015.

Ha comparecido como parte recurrida el Ministerio Fiscal y la Asociación Unificada de Guardias Civiles, representada por el Procurador D. Domingo José Collado Molinero, bajo la dirección letrada de D. Mariano Casado Sierra.

CONCENTRACIÓN FRENTE A LA SEDE DEL DEFENSOR DEL PUEBLO

En un episodio significativo de movilización colectiva, el 17 de octubre de 2019 los miembros de AUGC se congregaron frente a la sede del Defensor del Pueblo. El ingreso en prisión de Luis Miguel en octubre de 2019, un guardia civil afiliado a la asociación, bajo la aplicación del Código Penal Militar, avivó por entonces el debate sobre la jurisdicción y los derechos de los miembros de este Cuerpo de Seguridad en España.

Este evento fue planeado meticulosamente para destacar las demandas y preocupaciones que afectan a los guardias civiles en su entorno profesional, especialmente las que están relacionadas con el régimen disciplinario y el Código Penal Militar. Durante la concentración, se evidenció un alto grado de organización y compromiso por parte de los guardias civiles participantes quienes, vestidos de uniforme, equipados con pancartas y consignas claras, entregaron un documento formal al Defensor del Pueblo, explicando en detalle sus reivindicaciones y solicitando su colaboración para abordar estas cuestiones. Las quejas también se extendieron a la ministra de Defensa, a quien se reclamó el indulto de su compañero.

La situación de Luis Miguel, encarcelado por una condena derivada de un altercado personal, fuera de servicio y del acuartelamiento ocurrido en 2011, destaca la peculiaridad de la Guardia Civil como una institución que opera en la intersección entre lo militar y lo policial. Este guardia civil entró en la prisión militar de Alcalá de Henares el 17 de octubre de 2019. AUGC solicitó la dimisión de la ministra de Defensa, Margarita Robles, por ignorar la solicitud de indulto. Este hecho plantea preguntas fundamentales sobre la identidad y el tratamiento legal de la Guardia Civil en el contexto contemporáneo. ¿Deberían ser considerados como militares, sujetos al rigor y las sanciones del Código Penal Militar, incluso por acciones realizadas fuera de servicio y sin relación con sus funciones encomendadas por ley? ¿O como policías, cuya conducta se rige por normativas civiles, reflejando su papel en la defensa de los derechos y libertades de los ciudadanos y el mantenimiento de la seguridad ciudadana? Resulta inadmisible que un guardia civil tenga que pagar con su libertad una actuación que no debería ser castigada más allá del reglamento interno de la institución para la que trabaja.

Un guardia civil ingresando en prisión, en aplicación del Código Penal Militar.

AUGC se ha posicionado claramente en contra del Código Penal Militar aplicado a los miembros de la Guardia Civil, excepto en circunstancias donde están involucrados directamente en operaciones militares o en situaciones de conflicto armado. Se defiende que este Código es inapropiado para las funciones que desempeñan los guardias civiles, quienes en su mayoría llevan a cabo labores de seguridad y orden público similares a las de otros Cuerpos Policiales civiles. Esta oposición se basa en la percepción de que el Código Penal Militar no solo es restrictivo, sino que también no refleja las realidades del trabajo diario de los guardias civiles, los cuales no deberían estar sujetos a un régimen legal diseñado para contextos de combate o conflictos bélicos, por lo que reivindican una reforma que permita a los guardias civiles ser juzgados por el sistema judicial común en la mayoría de los casos, lo que consideran más justo y acorde con los principios de derechos humanos y legalidad democrática. Los miembros de esta organización han llevado a cabo varias iniciativas y campañas para promover la eliminación de la aplicación del Código Penal Militar a los guardias civiles en condiciones normales, abogando por un sistema que garantice mayores protecciones legales y un tratamiento más equitativo, comparado con otros trabajadores del sector público.

RELACIONES CON LOS MEDIOS DE COMUNICACIÓN

La relación entre la asociación y los medios de comunicación desde sus inicios ha sido particularmente singular y compleja, debido al estatus único de la Guardia Civil como cuerpo militarizado. Este contexto ha influido tanto en la forma en que AUGC se ha relacionado con los medios como en la manera en que estos últimos cubren las noticias relacionadas con dicha asociación.

Históricamente, la Guardia Civil ha tenido restricciones significativas en términos de sindicación y representación laboral, debido a su naturaleza militar. No fue hasta la implantación de la Ley de Derechos y Deberes que se permitió cierto nivel de representación asociativa, aunque con limitaciones, comparado con otros Cuerpos de Seguridad y Sectores Públicos. Esto ha tenido un impacto directo en la capacidad de los agentes para organizarse y, por lo tanto, en su interacción con los medios de comunicación.

A lo largo de los años, los medios de comunicación han sido una herramienta crucial para ganar visibilidad y presionar por cambios legislativos que permitan una mayor libertad sindical dentro del cuerpo, convirtiéndose en un aliado esencial para impulsar sus causas y visibilizar sus demandas, sensibilizando al público y a los legisladores sobre cuestiones como las condiciones de trabajo y los derechos laborales.

CENSURA Y RESTRICCIONES: LA RELACIÓN DE AUGC CON LA LIBERTAD DE EXPRESIÓN EN LA GUARDIA CIVIL

Desde sus primeros días, AUGC ha tenido que enfrentarse a un desafío que marca de forma única su existencia: la censura y las restricciones impuestas a los representantes de AUGC debido a su condición militar. Esta característica ha dificultado, y en muchos casos impedido, que los representantes legítimos de los agentes expresen libremente sus opiniones y demandas, especialmente cuando se ha tratado de denunciar condiciones laborales o abusos internos. Esta situación no solo ha sido una barrera, sino que también ha determinado profundamente la forma en que la asociación interactúa con los medios de comunicación y con la opinión pública.

En un contexto de silencio forzado la Guardia Civil ha restringido las libertades de expresión de los guardias civiles, quienes, a diferencia de otros trabajadores públicos, han tenido que sufrir sanciones y represalias indiscriminadas por intentar ejercer su derecho a la libertad de expresión como representantes de los agentes. Desde apertura de expedientes disciplinarios con traslados forzosos de destino o la aplicación del Código Penal Militar, muchos guardias civiles han sido objeto de medidas punitivas por hablar abiertamente sobre sus condiciones de trabajo o expresar críticas hacia políticas internas. AUGC, como principal asociación de representación en el cuerpo, se ha convertido en un escudo para protegerse a sí misma y a sus afiliados. Ante las limitaciones de los guardias civiles, sus representantes, han asumido el rol de intermediario, una voz que articula y transmite las demandas colectivas a la sociedad, a través de los medios de comunicación, sin exponer a los guardias civiles individuales al riesgo de represalias. Así, los portavoces de AUGC son quienes asumen la exposición pública y toman el micrófono, no solo para representar a sus compañeros, sino también para desafiar las restricciones que les impiden alzar sus propias voces.

A lo largo de su historia, han sido testigos y denunciantes de casos significativos en los que guardias civiles han sufrido las consecuencias de expresarse públicamente. Estos ejemplos de represión han servido como argumentos sólidos en su lucha por reclamar el derecho de libertad de expresión a los agentes que ostentan la condición de representantes de los trabajadores. Cada caso de sanción disciplinaria es, en esencia, una muestra de los riesgos que asumen al reivindicar sus derechos. El riesgo de represalias también ha afectado la visibilidad de las demandas de AUGC. Con los guardias civiles forzados a la autocensura, la asociación ha tenido que hallar formas de romper su silencio, recurriendo a los medios de comunicación como aliados en la difusión de sus denuncias o reivindicaciones. Además, en los casos en que las represalias han sido desproporcionadas o claramente injustas, AUGC no ha dudado en recurrir a los tribunales para buscar protección judicial donde no solo se defiende a los afectados, sino que también se ha buscado crear precedentes legales que refuercen la lucha de la asociación y amplíen los límites de la libertad de expresión dentro del cuerpo.

< Actualidad

Acoso contra representantes de AUGC: expediente al secretario general de Badajoz y pérdida de destino y especialidad al de Cantabria

Una entrevista concedida a un medio de comunicación, causa del expediente por falta grave al responsable de la delegación pacense.

por Redacción AUGC

ACTUALIDAD 22/03/2021

Braulio José Calvo, en el centro, en una concentración realizada por AUGC Badajoz.

‹ Actualidad

Nuevo expediente sancionador por falta grave contra el secretario general de AUGC en Ciudad Real

Durante la tarde de hoy el secretario general de AUGC en Ciudad Real, Ildefonso Gallardo, ha recibido la resolución de un expediente sancionador por falta grave con la pérdida de cinco días de empleo y sueldo por solicitar firmas y entregar publicidad a sus compañeros, en la pasada campaña del Copago Farmacéutico de pensionistas de clases pasivas

por Redacción AUGC

ACTUALIDAD 5/11/2021

Persecución a los representantes de AUGC: los jefes de Comandancia aún no han interiorizado la democracia ni las leyes que la protegen

Semanas después de la incorporación de María Gámez como directora general de la Guardia Civil, desde AUGC lamentablemente constatamos que por parte de quienes dirigen la institución se sigue practicando la persecución contra los legítimos representantes de los agentes del Cuerpo, para tratar de amedrentarlos a golpe de expedientes.

La directora general de la Guardia Civil, María Gámez

Para la asociación, la censura no solo limita la comunicación interna del cuerpo, sino que también impide que los guardias civiles puedan visibilizar situaciones injustas y problemáticas que afectan sus funciones. Un cambio legislativo en este sentido no solo dignificaría la profesión de guardia civil, sino que también contribuiría a mejorar la eficacia y transparencia de un cuerpo esencial para la seguridad en España.

AUGC también ha encontrado en la opinión pública un apoyo esencial para sus reivindicaciones. La percepción de injusticia que genera el control interno y la censura ha sensibilizado a la sociedad, que ve en AUGC una voz necesaria para denunciar los abusos y falta de derechos que persisten en la Guardia Civil que, a pesar de las restricciones, es posible hacer oír las voces de quienes defienden los derechos de los guardias civiles en España.

"AUGC trabaja y seguirá haciéndolo. Y no habrá expedientes ni represión que nos calle"

COLABORACIÓN

GUARDIA CIVIL Y JUSTICIA PENAL

Francisco Javier de León Villalba
Catedrático de Derecho Penal
Director de la Cátedra Justicia y Prisión

AUGC celebra este año tres décadas de trabajo en la defensa de los derechos e intereses de los guardias civiles, tres décadas de logros y de constante empuje para la mejora de la situación de todos quienes componen el benemérito Cuerpo. Son muchos los temas que han ocupado estos años y, sin duda, la modernización y actualización del marco jurídico regulador de la Guardia Civil es uno de los más importantes.

La reforma del régimen estatutario de los guardias civiles constituye el marco fundamental de desarrollo del conjunto de derechos y deberes de todos los componentes de este Cuerpo Policial, sometido a un régimen militar; muy especialmente, el derecho sancionador, tanto en su vertiente disciplinaria como penal.

Fue la Ley Orgánica 2/1986, del 13 de marzo, de Cuerpos de Seguridad del Estado, la que impulsó un inicio de cambio en dicho tratamiento, estableciendo el mandato de una normativa específica a efectos disciplinarios, con excepción de supuestos de cumplimiento de misiones de carácter militar, en cuyo caso se aplicaba el régimen disciplinario de las Fuerzas Armadas; situación mantenida por las leyes disciplinarias posteriores, mediante las Leyes Orgánicas 11/1991, del 17 de junio, y 12/2007, del 22 de octubre.

La razón de tan trascendente cambio de rumbo no es otra que adecuar la normativa aplicable a las necesidades derivadas de «funciones ordinarias, mayoritariamente asociadas al ámbito policial», y no al castrense. A los efectos, debemos tener siempre presente la literalidad de los artículos 8.1 y 104 de la Constitución Española y el reconocimiento de un ámbito de disponibilidad del legislador en orden a la definición y configuración de dicho instituto, conforme a la interpretación del Tribunal Constitucional.

Esto ha llevado, en el ámbito de la responsabilidad penal, donde la confusión de ideologías y necesidades propias de la función, y su desarrollo profesional, a generar un complejo panorama legal, difícilmente asumible en términos de legitimidad y eficacia jurídica.

A partir de la norma que da cobertura a la Guardia Civil como un Cuerpo de Seguridad del Estado, con funciones casi exclusivamente policiales, se mantuvo la aplicación del Código Penal Militar, hasta la introducción de un artículo en dicho texto, el 7 bis, en el Código Penal Militar de 1985.

De redacción innecesariamente enrevesada y consiguiente oscuridad aplicativa, entiendo que buscada de propósito por el legislador en aras de trasladar la definición de sus ámbitos operativos a los órganos disciplinarios y a los jurisdiccionales militares, desató uno de los episodios más esperpénticos de nuestra historia legal reciente. Por un lado, estaba la decidida voluntad del legislador de reducir la aplicación de la llamada justicia militar a los guardias civiles, únicamente, a supuestos «de guerra; durante la vigencia del estado de sitio; durante el cumplimiento de misiones de carácter militar, o cuando el personal del citado Cuerpo se integre en Unidades Militares». Por otro, la perseverante actuación de la Sala V del Tribunal Supremo, poco proclive en esos momentos a perder su sustrato básico de competencia y, por tanto, de justificación de su mantenimiento como «una jurisdicción especial», decidió recurrir a una construcción jurisprudencial que, forzando la interpretación auténtica, literal y de sentido común, retenía las competencias frente a actos realizados por guardias civiles en cualquiera de sus funciones, dicho sea de forma genérica.

La problemática de este artículo estribaba en la necesidad de una mayor determinación del ámbito aplicativo de la regla de excepcionalidad, por cuanto la línea interpretativa, de la Sala, incluía entre estas actuaciones aquellas que *stricto sensu* no podían clasificarse en ninguno de los dos párrafos y que se referenciaban, en términos generales, en la protección de la jerarquía, disciplina, unidad y cohesión interna; la protección de los medios y recursos puestos a su disposición, desempeño de funciones y cumplimiento de deberes esenciales no encuadrables en los servicios policiales.

En definitiva, era una quiebra de la necesaria interpretación auténtica, reforzada por el Real Decreto 1438/2010, donde se definen, claramente, las funciones militares de la Guardia Civil y, por tanto, de los guardias civiles, como posibles sujetos de reprensión penal, por la jurisdicción militar, únicamente, en dichos supuestos.

Lo cierto es que se trataba de una interpretación huérfana de sustento normativo, y solo fundamentada mediante el acervo jurisprudencial, con base en la teoría de la relación jerárquica permanente, conforme a la cual permite extender su aplicación a situaciones que exceden el ámbito profesional: «[...] el militar de empleo jerárquicamente más elevado siempre ha de ser tenido por "superior", por lo que la intervención del mismo en un hecho antijurídico impide transmutar el ilícito "en una simple disputa de carácter privado" puesto que, "mientras se es militar, el comportamiento de la persona está sometido a las normas que conforman tal estatus y no puede sustraerse a ellas por su propia voluntad"».

De esta forma la disciplina, según esta interpretación, debe mantenerse protegida en todo momento en las relaciones jerárquicas, en tanto se mantiene la condición de militar, con independencia del momento, la situación, en que se produzcan los hechos enjuiciados e, incluso, de la intención de los sujetos que intervienen en la realización de la conducta.

Dicha interpretación fue asumida por el Código Penal Militar de 2015; concretamente, mediante el literal del artículo 1.4, donde se establecen los criterios de aplicación de sus normas a los miembros de la Guardia Civil, en situaciones similares a las descritas, con la excepción de aquellas acciones u omisiones encuadrables en actos propios del servicio desempeñado en el ejercicio de funciones de naturaleza policial (artículo 1.5). Este artículo cierra la posible discusión al respecto, sometiendo de pleno a los miembros de la Guardia Civil a la jurisdicción militar y convirtiendo la excepción en regla general.

Descrita la situación y transcurridas casi cuatro décadas desde que se iniciara la necesaria transmutación de la Guardia Civil en un Cuerpo Policial, sería necesaria una revisión de esta forma de valorar la antijuridicidad de las conductas de los guardias civiles, mayormente asentadas en su actuación policial, y su traslado al orden natural dentro de nuestro marco jurídico, la legislación ordinaria, mediante la aplicación del Código Penal por la jurisdicción ordinaria.

En definitiva, si el marco de referencia en el que se ubica esta problemática es el cumplimiento de la misión encomendada a la Guardia Civil (artículo 1.º de la Ley Orgánica del Régimen Disciplinario de la Guardia Civil), es decir, la creación de un marco funcional en el que la institución y los guardias civiles puedan desarrollar de la mejor forma sus funciones; si el carácter de dichas funciones, predominantemente, es policial; si se persigue equiparar en derechos a personas que ejercen la función de guardias civiles en el marco de las

Fuerzas de Seguridad del Estado; si con la protección de dicho estatuto se busca su normalización en el orden jurisdiccional ordinario, sin matices ni especialidades; si se quiere que el estatuto jurídico del guardia civil se adapte a las necesidades y demanda de una sociedad moderna que busca siempre el desarrollo de los derechos fundamentales de sus componentes, va siendo hora ya de que el legislador dé, a corto plazo, lo que a largo convertirá en ineludible cambio: la normalización del derecho sancionador de los guardias civiles mediante la abrogación de aquellas normas que imponen su subordinación a la justicia militar, tanto material como procedimentalmente. Como dijera don Quijote a Sancho Panza, «cambiar el mundo no es ni utopía ni locura: es justicia».

Felicidades a AUGC por esta conmemoración y por esa lucha permanente en favor de una justicia aquilatada a nuestro Estado de derecho.

PARTÍCIPES DE LA PRIMERA NEGOCIACIÓN COLECTIVA EN LA GUARDIA CIVIL

Para los guardias civiles, la primera negociación colectiva frente al Gobierno llevada a cabo por AUGC en relación con la «equiparación salarial» representó un paso significativo hacia la mejora de sus condiciones laborales y la igualdad salarial. Este proceso no solo implicó un aumento salarial tangible, sino que también marcó un avance en el reconocimiento de sus derechos y en la valoración de su trabajo en igualdad de condiciones con otros Cuerpos de Seguridad, especialmente en comparación con las policías autonómicas como los Mossos d'Esquadra.

El proceso de equiparación salarial de los agentes de la Guardia Civil y la Policía Nacional con respecto a otros cuerpos policiales autonómicos en España representó uno de los logros más significativos en la historia reciente de estos cuerpos. Este acuerdo no solo simbolizó una victoria en términos económicos para los agentes, sino que también es una reivindicación de la dignidad y el reconocimiento profesional que durante años había sido una demanda constante. La Asociación Unificada de Guardias Civiles como asociación representativa y mayoritaria desempeñó un papel fundamental en este proceso, convirtiéndose en un actor clave para alcanzar este objetivo largamente perseguido.

Contexto y Origen de la Demanda

Desde hace décadas, los agentes de la Guardia Civil y la Policía Nacional habían experimentado una notoria diferencia salarial en comparación con sus homólogos de los cuerpos autonómicos, como los Mossos d'Esquadra en Cataluña y la Ertzaintza en el País Vasco. Esta disparidad salarial, que llegó a ser de hasta un 30%, no solo afectaba a los ingresos mensuales de los agentes, sino que también tenía repercusiones en su bienestar familiar y social. Además, generaba una sensación de agravio comparativo, al percibirse como una desigualdad que no encontraba justificación en el ámbito laboral, ya que las funciones y responsabilidades eran, en muchos casos, equivalentes o incluso superiores a las de los cuerpos autonómicos.

AUGC, desde su fundación, había puesto de manifiesto esta situación, haciendo de la equiparación salarial uno de sus principales caballos de batalla. La asociación no solo denunciaba la injusticia económica, sino que también alertaba sobre las consecuencias negativas que esta disparidad tenía en la moral de los agentes y en su motivación para desempeñar su labor con la máxima eficacia. Este contexto fue el caldo de cultivo para una serie de movilizaciones y acciones que culminarían en un acuerdo histórico.

Movilización y Presión Social

El camino hacia la equiparación salarial no fue fácil ni rápido. Durante años, AUGC y otras organizaciones representativas de la Guardia Civil y la Policía Nacional llevaron a cabo una intensa campaña de sensibilización tanto a nivel político como social. Las manifestaciones y protestas en las principales ciudades de España, que contaron con una amplia participación de agentes y sus familias, se convirtieron en un clamor popular que difícilmente podía ser ignorado por los gobiernos de turno.

A esta presión en las calles se sumaron las acciones judiciales y las peticiones formales al Gobierno. AUGC, con una estrategia bien definida, no solo buscaba concienciar a la opinión pública sobre la injusticia salarial, sino que también presentaba propuestas concretas para resolver la situación. En este sentido, las reuniones con representantes políticos de distintos partidos fueron fundamentales para conseguir apoyos y para hacer que la equiparación salarial se convirtiera en un tema central en la agenda política.

El contexto político de 2017-2018 fue especialmente favorable para la movilización. Las tensiones sociales en Cataluña y la creciente preocupación por la seguridad en toda España pusieron a las fuerzas de seguridad en el centro del debate público. En este escenario, la demanda de equiparación salarial ganó fuerza, y el Gobierno se vio obligado a tomar medidas para dar respuesta a una reivindicación que había calado hondo en la sociedad española.

Negociaciones y Firma del Acuerdo

Las intensas negociaciones entre AUGC, otros sindicatos y asociaciones de la Guardia Civil y la Policía Nacional, y el Gobierno, encabezado en ese momento por Mariano Rajoy, culminaron en la firma de un acuerdo histórico en marzo de 2018. Este acuerdo estableció una hoja de ruta clara para la equiparación salarial, con una inversión total de 807 millones de euros a ser distribuidos en tres años: 2018, 2019 y 2020.

El acuerdo contempló incrementos salariales significativos para los agentes, que representaron subidas de hasta 720 euros brutos al mes. AUGC, que participó activamente en las negociaciones, se aseguró de que el acuerdo incluyera también una cláusula de revisión, destinada a corregir cualquier posible desequilibrio que pudiera surgir durante el proceso de implementación.

Implementación y Vigilancia del Cumplimiento

Una vez firmado el acuerdo, AUGC se centró en garantizar su correcta implementación. El proceso se llevó a cabo de manera escalonada, con aumentos salariales que se hicieron efectivos en las nóminas de los agentes a lo largo de los tres años previstos. Sin embargo, la asociación, ya con el Gobierno de Pedro Sánchez, mantuvo una vigilancia constante para asegurar que el Gobierno cumpliera con los compromisos adquiridos en los plazos establecidos donde jugó un papel crucial en la resolución de los problemas y ajustes que surgieron durante la implementación del acuerdo. En varias ocasiones, la asociación denunció públicamente retrasos o inconsistencias en los pagos, lo que obligó al Gobierno a corregir estas situaciones para no poner en peligro la confianza de los agentes en el proceso. Sin embargo, en 2021, AUGC tuvo que recurrir a los tribunales debido a la inactividad de la Administración respecto al cumplimiento de ciertas cláusulas del Acuerdo de Equiparación firmado en marzo de 2018. Emprendiendo una batalla legal, la Audiencia Nacional dio la razón a AUGC, ordenando al Ministerio del Interior a iniciar la renegociación para el cumplimiento de las cláusulas tercera y octava del acuerdo, que incluían la asignación de 100 millones de euros durante tres ejercicios económicos para el reingreso de compañeros en Segunda Actividad y Reserva al servicio activo, y la aprobación de una ley para evitar futuras disfunciones salariales entre los cuerpos policiales, cuestión que en la actualidad se dirime la resolución de este conflicto en los tribunales.

En resumen, aunque para AUGC no se ha culminado el cumplimiento del acuerdo de equiparación salarial por parte del gobierno, este hecho ha sido una confirmación de que es posible avanzar hacia la equiparación salarial y mejorar las condiciones de trabajo a través de la negociación colectiva, el apoyo mutuo y la perseverancia en la reivindicación de sus derechos, marcando un precedente en la reivindicación de derechos laborales y salariales en el ámbito de las fuerzas de seguridad del Estado en España.

"Nadie nos ha regalado nada a los guardias civiles. Y por eso la lucha por los derechos laborales está más viva que nunca"

CAPÍTULO VI
DÉCADA DE LOS DOS MIL VEINTE. EL FUTURO

El nacimiento de AUGC como organización profesional para los guardias civiles respondió a la necesidad de mejorar las condiciones laborales y fortalecer la voz colectiva de los miembros de la Guardia Civil. A lo largo de los años, han desempeñado un papel crucial, al abogar por reformas internas, impulsar la modernización y contribuir al reconocimiento justo de la labor de los guardias civiles lo que llevó durante el inicio de esta década a continuar luchando y reivindicando en las calles lo que era de justicia para alcanzar plenos derechos como ciudadanos de uniforme y reconocimiento de sus condiciones laborales.

Era el 5 de junio de 2021, y en la Puerta del Sol de Madrid, epicentro de muchas luchas sociales a lo largo de la historia, se alzaba la voz de miles de guardias civiles de toda España. Habían llegado a Madrid bajo la convocatoria de AUGC. Esta protesta no era una simple manifestación; era el grito acumulado de años de injusticias, de promesas incumplidas y de derechos sociolaborales negados o retrocedidos. Los guardias civiles llegaban en trenes, autobuses y coches, desde cada rincón del país. Galicia, Andalucía, Extremadura, Cataluña, todas las comunidades estaban representadas en esta concentración histórica. Los manifestantes se miraban unos a otros, compartiendo una misma expresión de determinación. No eran tiempos fáciles: España seguía recuperándose de las secuelas económicas y sociales dejadas por la pandemia del COVID-19. Pero, aun así, los guardias civiles consideraban que ya no podían esperar más. El retroceso de sus derechos sociolaborales se había vuelto insostenible, y estaban ahí para exigir al Gobierno el respeto que, como servidores públicos, sentían merecer. Las pancartas en alto no dejaban lugar a dudas sobre el motivo de la protesta: "Por una Productividad Justa", "Cumplir Acuerdo Equiparación

Salarial" "Jornada Laboral Digna" "Justicia" AUGC había convocado a sus miembros para alzar la voz ante un escenario que consideraban cada vez más oscuro.

Los guardias civiles, que día tras día cumplían con sus obligaciones en condiciones adversas y que habían tenido un gran papel de lucha y defensa para la sociedad en la crisis sanitaria, habían llegado a un punto en el que el silencio ya no era una opción. Las reformas necesarias para la mejora de sus condiciones laborales no solo no llegaban, sino que muchas de sus garantías estaban siendo erosionadas.

Concentración en la Puerta del Sol de Madrid, Por una Guardia Civil Democrática y Digna

Desde el escenario improvisado en el centro de la plaza, los representantes de AUGC lanzaban consignas como "Estamos aquí porque nos han forzado a estar aquí. No queremos una Guardia Civil a la que le niegan sus derechos, una Guardia Civil abandonada.

Queremos que se nos respete como profesionales que somos." Cada palabra, cada frase, era recibida con aplausos y vítores. Los guardias civiles, se sentían unidos bajo el peso de sus demandas. La lista de agravios era extensa y AUGC la tenía clara.

En primer lugar, exigían una mejora en sus condiciones sociolaborales, especialmente en cuanto a los salarios, que seguían siendo notablemente inferiores a los de otros cuerpos de seguridad autonómicos, así como un reparto más equitativo y justo de la productividad dentro del Cuerpo. Por ejemplo, un Guardia Civil cobra por trabajar en nochebuena o nochevieja 2,85 euros bruto la hora. A esta reclamación se sumaban otras demandas esenciales, como una mayor protección en el desarrollo de sus funciones, reclamando un reforzamiento del carácter de agente de la autoridad ante el aumento de agresiones sobre los agentes, implantación de turnos de servicio, que les permitieran conciliar la vida familiar y personal. Otra de las principales quejas de la manifestación era la falta de recursos materiales. "Nos exigen estar en primera línea, pero con medios de tercera", señalaba una de las pancartas, refiriéndose a la falta de medios en la lucha contra el narcotráfico. Durante la pandemia, muchos agentes de la Guardia Civil tuvieron que hacer frente a situaciones de alto riesgo sin los equipos de protección adecuados, exponiendo su salud y su vida en cumplimiento de su deber. La falta de material y recursos suficientes no solo era una afrenta a su profesionalidad, sino también una amenaza a su seguridad y la de las personas a las que protegían. Esta precariedad era algo que se repetía día a día en su trabajo, y la frustración por esta situación se hizo evidente en cada consigna y en cada aplauso. Conforme avanzaba la jornada, los discursos se sucedían, cada uno con un tono firme y decidido, mostrando que esta concentración no era una simple queja puntual. La protesta también fue una denuncia contra la falta de transparencia y el inmovilismo de la institución. Los guardias civiles se sentían atrapados en una estructura jerárquica que, en lugar de promover la modernización y el bienestar de sus miembros, parecía empeñada en mantener un statu quo rígido y desfasado. "Somos los que hemos llegado a tanto desde la nada y no vamos a parar hasta conseguir nuestras legitimas reivindicaciones" "Somos miles contra aquellos que no quieren una Guardia Civil moderna, democrática, compartida y con derechos" exponía en su discurso el secretario general de AUGC, Juan Fernández, desde el escenario. Esta frase, potente y simbólica, resonó en la multitud, recordando que, detrás del uniforme, había personas con familias, aspiraciones y derechos, que se sentían vulnerados. Entre la multitud, el ambiente era de unidad y solidaridad. No solo estaban presentes los guardias civiles, sino también sus familias, amigos y simpatizantes, quienes entendían que esta lucha no solo les afectaba a ellos, sino a todos los ciudadanos. "Nuestra democracia no será plena hasta que los guardias civiles no dejen de ser ciudadanos de tercera", señalaba. Esta reivindicación trascendía lo laboral; era una cuestión de justicia y de compromiso con un servicio público esencial para el bienestar y la seguridad de la ciudadanía.

Juan Fernández, secretario general de AUGC
durante su intervención en el acto

Era un mensaje directo al Gobierno y a la sociedad, una llamada de atención sobre una realidad que había sido ignorada durante demasiado tiempo. AUGC dejó claro que, si sus demandas no eran atendidas, no dudarían en volver a las calles y aumentarían la presión. No estaban dispuestos a retroceder, ni a permitir que sus derechos fueran erosionados en silencio. La Puerta del Sol, colmada de banderas y pancartas, se llenaba de un eco de determinación que retumbaba en cada rincón. Para los guardias civiles y sus familias, este había sido un día histórico. Sabían cómo en otras ocasiones que el camino sería largo, pero también sabían que, juntos, podían lograr un cambio real. Habían demostrado que no estaban solos y que, si las autoridades seguían desoyendo sus demandas, el clamor de los guardias civiles volverían a alzarse hacía la esperanza de que, algún día, esos hombres y mujeres que integran la Guardia Civil serían tratados con la justicia y el respeto que llevaban tanto tiempo reclamando. El mensaje de AUGC en esta concentración fue muy claro, el ministro del Interior, Grande Marlaska, debía atender directamente las reclamaciones de los guardias civiles acerca del retroceso de sus derechos laborales. Lamentablemente, un mes después de ese acto, no hubo respuesta alguna desde el ministerio. Esa actitud no hizo más que reforzar la convicción de que, lejos de desanimarse la lucha debía de intensificarse.

MANIFESTACIÓN EN LA SEDE DEL MINISTERIO DEL INTERIOR "DEMOCRACIA Y DIGNIDAD"

Siguiendo el camino trazado por AUGC, en sus distintos órganos representativos, se anuncia una nueva movilización para el 18 de septiembre de ese mismo año. Nada cambió desde el ministerio del Interior, los avances no llegaban, el silencio era ensordecedor, los guardias civiles lo advirtieron, saldrían de nuevo a las calles para mostrarle al ministro Grande Marlaska su repulsa por la falta de avances en sus condiciones de trabajo. Los agentes empiezan de nuevo a organizarse. El punto de encuentro donde se llevaría a cabo la gran manifestación sería en los aledaños de la Plaza de Colón, pasando por la calle Génova, para acabar en Castellana en la misma sede del ministerio del Interior en Madrid. Con la pandemia por COVID-19 aún muy presente, la asistencia rompió todas las previsiones, con más de 3.500 agentes y familiares llegados de toda España que, junto a sus pancartas, exigieron al ministro Grande Marlaska su dimisión y el reconocimiento de sus derechos sociolaborales. De este modo los guardias civiles quisieron transmitir a la sociedad española que todavía continuaban siendo ciudadanos de tercera y privados de derechos básicos como el de sindicación o incluso de poder contar con una jornada laboral digna al igual que el resto de los cuerpos policiales. ¿Por qué tienen que seguir siendo los guardias civiles quienes más horas trabajan y peores salarios reciben?

Lo que hacía esta movilización diferente era el sentimiento de hartazgo, acumulado tras años de promesas incumplidas y medidas insuficientes. Los guardias civiles seguían sintiéndose un cuerpo marginado, relegado y sometido a condiciones propias de otro tiempo. Era paradójico, mientras el país avanzaba en derechos sociales y laborales, los guardias civiles continuaban atrapados en un sistema arcaico y restrictivo. Para ellos, el derecho a una jornada laboral digna, la posibilidad de acceso a una sindicación o el simple reconocimiento económico a sus esfuerzos permanecían inalcanzables. ¿Qué otro colectivo en España arriesga sus vidas diariamente por la seguridad pública y son maltratados y olvidados en sus condiciones laborales? Los guardias civiles se sentían indiferentes ante un ministerio que continuaba sordo a sus demandas, en un sistema que proclama valores de igualdad y justicia mientras se priva de derechos básicos a sus servidores. ¿hasta cuándo un Estado moderno como el español continuará ignorando las necesidades de aquellos que lo protegen?

¡HORARIOS
HUMANOS!

¡HORARIOS
HUMANOS!

ACTO SOLIDARIO HACIA UN COMPAÑERO

En un acto celebrado tras la manifestación en la sede del Ministerio del Interior, se vivió un momento de profunda solidaridad y apoyo. Alejandro González, guardia civil destinado en el Destacamento de Tráfico de Santa Olalla de Cala (Huelva), fue el protagonista de un reconocimiento sentido y sincero por parte de sus compañeros y compañeras. El 21 de marzo de 2021, Alejandro sufrió un grave accidente mientras conducía su moto particular en una desafortunada salida de vía. Fue trasladado de urgencia al Hospital de Zafra y, dada la complejidad de sus lesiones, fue derivado al Hospital de Badajoz, donde recibió una intervención quirúrgica de gravedad ingresando en la Unidad de Cuidados Intensivos (UCI) hasta el 26 de abril. Desde ese momento, se recomendó su traslado al Hospital de Parapléjicos de Toledo, centro nacional de referencia en recuperación de lesiones medulares, pero el proceso no fue sencillo. Las dificultades administrativas supusieron un obstáculo considerable en su camino hacia una atención especializada y adecuada para su recuperación. Sin embargo, el compromiso y la perseverancia fueron claves para ayudar a Alejandro junto a sus dos hijos y su mujer, Montse. AUGC se puso a su entera disposición y se realizaron todas las gestiones jurídicas necesarias hasta conseguir el ingreso de Alejandro en el Hospital de Parapléjicos de Toledo.

Finalmente, el traslado a Toledo se produjo el lunes 10 de mayo, acompañado por una comitiva de compañeros, integrada por agentes de la Agrupación de Tráfico de Móstoles, representantes de AUGC, y miembros de la Hermandad de Veteranos y Amigos de la Guardia Civil y la asociación Ángeles Verdes, entre otros.

Sin embargo, y pese a la satisfacción de saber que Alejandro estaba siendo ya tratado de sus graves lesiones en el mejor centro especializado de España, la situación familiar de nuestro compañero y su familia no fue fácil. Montse, su esposa, tuvo que abandonar su trabajo en Badajoz con las consecuentes repercusiones económicas, para trasladarse junto a Alejandro a Toledo, dejando a sus dos hijos pequeños al cuidado de los abuelos.

Como parte de esta iniciativa de apoyo, AUGC promovió una campaña de donaciones a través de la apertura de una cuenta solidaria destinada a recaudar fondos para ayudar a Alejandro y cubrir sus necesidades durante el proceso de rehabilitación. En un acto cargado de gran emoción, Alejandro recibió de manos del secretario general de AUGC, Juan Fernández, y de Eva María Gómez, secretaria general provincial de AUGC Madrid, un cheque solidario por un valor de 6.816 euros, dinero recaudado en la campaña de donaciones. Este gesto, fruto de las aportaciones voluntarias de sus compañeros, simbolizó el apoyo incondicional de quienes, sin importar las circunstancias, se mantuvieron a su lado, comprometidos con su recuperación y bienestar. Alejandro, visiblemente emocionado junto a Montse, solo tuvieron palabras de agradeciendo por toda la ayuda recibida.

Guardia Civil · 14 may. 2021
@guardiacivil · **Seguir**

Queremos enviar un enorme abrazo a Alejandro, guardia civil de Trafico de Santa Olalla que el pasado 21 de Marzo sufrió un accidente y ahora se recupera en el Hospital Nacional de Parapléjicos de #Toledo gracias a los desvelos de la delegación del ISFAS de #Badajoz

MONTSE
@MONSINA81 · **Seguir**

soy la mujer de Alejandro y quiero agradecer a AUGC que con sus gestiones se logro el traslado al @HNParaplejicos , con la colaboración de @AUGCMADRID @AUGC_TRAFICO @AUGC_Comunica @AUGC_TERUEL @AugcHuelva

5:41 p. m. · 15 may. 2021

478 Responder Copia enlace

EL FUTURO

En el umbral de la década de los dos mil veinte, AUGC se cuestiona no solo el destino de sus reivindicaciones, sino también la dirección hacia la cual deben encaminarse. En este contexto, la visión de AUGC es nítida: todo servidor público, incluidos los guardias civiles, merece estar respaldados por los derechos fundamentales consagrados en la Constitución. La excepcionalidad no puede ser una etiqueta que se adhiera a la labor de los guardias civiles. AUGC aspira a estar alineada con los pilares de los derechos fundamentales y garantías propias de una sociedad democrática, sin menoscabar la eficiencia y el deber inherente a la institución a la que pertenecen abogando por el derecho de sindicación como un paso crucial hacia el avance en derechos y mejora de las condiciones laborales.

Este derecho no solo representa un avance en términos democráticos, sino que es la llave que permitirá llevar a la Guardia Civil como un Cuerpo de Seguridad acorde con los desafíos y las demandas del siglo XXI. La ausencia o limitación de este derecho supone un obstáculo en la capacidad de los guardias civiles para expresar sus necesidades laborales, aspiraciones profesionales o inquietudes respecto a la mejora continua de sus funciones. La apertura a la sindicación no solo fortalece la institución desde dentro, sino que también puede con tribuir significativamente a su legitimidad y eficacia.

AUGC ha tenido un papel activo en la lucha contra la corrupción dentro de la Guardia Civil en los últimos años donde, arraigada a sus orígenes, se ha personado en todos los casos de corrupción y ha promovido acciones significativas contra esta, proponiendo medidas para su prevención y erradicación. Estas acciones y propuestas demuestran su compromiso continuo con la integridad y la lucha contra la corrupción dentro de la Guardia Civil, buscando garantizar la transparencia y el respeto por los principios éticos y deontológicos que deben regir el cuerpo. También ha desempeñado un papel crucial en la promoción de la igualdad dentro de la Guardia Civil, marcando un hito en la historia de esta institución. Liderando diversas iniciativas para asegurar que todos los miembros, independientemente de su género, origen étnico o creencias, reciban el mismo trato y oportunidades. El compromiso con la igualdad se evidencia en su lucha incansable por eliminar cualquier forma de discriminación y en promover políticas que garanticen la equidad. Una de las acciones más significativas ha sido la defensa de los derechos de las mujeres dentro del Cuerpo, trabajando para eliminar barreras y asegurar su representación en todos los niveles jerárquicos. Gracias a sus esfuerzos, se han implementado medidas para facilitar la conciliación de la vida laboral y personal, como horarios más flexibles y apoyo durante el embarazo y la maternidad. Además, ha abogado por la diversidad y la inclusión, reconociendo la riqueza que aportan las distintas perspectivas y experiencias al Cuerpo. Esto ha incluido la promoción de formaciones en igualdad y respeto, así como la implementación de protocolos para prevenir y actuar ante cualquier caso de acoso o discriminación. El trabajo de

AUGC en este ámbito ha contribuido no solo a mejorar el ambiente de trabajo dentro de la Guardia Civil, sino también a fortalecer la relación de la institución con los ciudadanos. Reconociendo que la diversidad y la igualdad son fundamentales para el desempeño efectivo de sus funciones, hoy esta organización decana y mayoritaria continúa siendo un pilar en la evolución hacia una Guardia Civil más inclusiva y representativa de la sociedad española.

El futuro no se entiende sin una jubilación digna que dignifique el trabajo de los agentes, sin una equiparación salarial que acabe con sus agravios económicos respecto a Cuerpos policiales autonómicos o la implantación de turnos de trabajo que conlleve a la plena conciliación profesional y personal. Desde sus orígenes, AUGC ha mantenido una lucha firme para que los guardias civiles mejoren sus condiciones de jubilación y sean reconocidos «trabajadores de riesgo». Esta medida es esencial, debido a las situaciones de alto riesgo a las que se enfrentan diariamente los guardias civiles, los cuales están constantemente expuestos a peligros en el cumplimiento de su deber. Consideran que la falta de reconocimiento y la ausencia de índices correctores para la jubilación no solo representan un agravio comparativo con otros Cuerpos de Seguridad, sino que también reflejan una falta de valoración por los riesgos asumidos durante su carrera profesional. De esta reclamación se desprende la histórica manifestación el pasado 16 de marzo de 2024 en Madrid, organizada por la Plataforma por una Jubilación Digna y la Plena Equiparación Salarial donde más de cuarenta mil guardias civiles y policías nacionales, junto a sus familias, salieron a las calles para reclamar al Gobierno acabar con tal agravio.

Esta Plataforma a la que AUGC pertenece, se constituyó en febrero de 2022 aglutinando a la gran mayoría de organizaciones sindicales de la Policía Nacional y Asociaciones de la Guardia Civil con el objetivo de reclamar al Gobierno de España el reconocimiento que realizan las Fuerzas y Cuerpos de Seguridad del Estado como profesión de riesgo y su correlativa aplicación de índices correctores para la jubilación y el cumplimiento íntegro de la Equiparación Salarial.

Manifestación convocada por la Plataforma por una Jubilación Digna y la Plena Equiparación Salarial donde consiguieron reunir en la mañana del sábado 16 de marzo, unas 40 mil personas provenientes de todo el territorio español

En un sentido más amplio, y ante la necesidad de cambio en la Guardia Civil, AUGC afirma que continuará adaptándose a las nuevas demandas profesionales de los guardias civiles, asegurando su relevancia y efectividad en el futuro, protegiendo y promoviendo sus derechos e intereses en un mundo en constante cambio.

SEGUNDA GENERACIÓN DE DERECHOS PARA LOS GUARDIAS CIVILES

La Guardia Civil, una institución con más de un siglo y medio de historia, ha experimentado transformaciones significativas en su estructura y función. Sin embargo, las reformas legales y normativas, incluyendo la Ley Orgánica de Derechos y Deberes de 2007, aunque progresistas, no fueron, suficientes para abordar todas las necesidades y desafíos a los que se enfrentan los guardias civiles en la actualidad. Los derechos concedidos hasta ahora constituyen una primera generación de derechos, centrados principalmente en la legalización de determinadas formas básicas de representación y en la mejora de las condiciones laborales mínimas. La «segunda generación de derechos» que propone AUGC incluye una serie de derechos y mejoras más profundos y extensos que los actuales. Estos derechos abarcan mejoras en la «representación sindical, la negociación colectiva y la libertad de expresión».

1. Representación y negociación colectiva: uno de los puntos clave sobre los que AUGC presiona es la plena capacidad de representación y negociación colectiva.

Aunque la Ley Orgánica permitió ciertas formas de representación, en la práctica, muchas de las capacidades de negociación real son limitadas. Esto se debe a las restricciones impuestas por la naturaleza militar de la institución, que impiden que los guardias civiles tengan los mismos derechos sindicales que otros cuerpos policiales.

2. Ampliación de derechos de expresión y asociación: además de mejorar la representación y la negociación colectiva, AUGC subraya la necesidad de expandir los derechos de expresión de los guardias civiles.

9º Congreso Nacional de AUGC, celebrado
el 22 de mayo de 2024 en Toledo

Actualmente, existen limitaciones significativas en cuanto a lo que pueden comunicar públicamente, lo que afecta a su capacidad para expresar preocupaciones legítimas sobre sus condiciones de trabajo, siempre manteniendo en consideración cuestiones de seguridad y confidencialidad propias de su labor. La propuesta de una segunda generación de derechos no es, simplemente, una demanda de más beneficios, sino una llamada a la modernización profunda y necesaria de la Guardia Civil. Estos cambios no solo mejorarían la calidad de vida de los guardias civiles, sino que también fortalecerían la institución, invirtiendo en calidad del servicio, mejorando su eficiencia y efectividad; cuestión que también beneficiaría a la seguridad ciudadana y el bienestar de la sociedad.

COLABORACIÓN

AUGC, TREINTA AÑOS DE LIDERAZGO EN LA LITIGACIÓN ESTRATÉGICA

Mariano Casado Sierra
Asesor jurídico nacional de AUGC

La celebración del XXX Aniversario de la constitución de AUGC es una efeméride que no puede quedar sin una reflexión de lo que ha supuesto su actividad para los derechos de los miembros de la Guardia Civil. Basta, en un inicio, volver la vista hacia la situación en la que se encontraban los guardias civiles en el año 1994 y la que podemos apreciar en 2024.

La lucha por los derechos fundamentales y profesionales de quienes han integrado la Guardia Civil en ese largo período de tiempo ha sido sostenida por AUGC. Ha sido y es una lucha desigual porque, por una parte, quienes han dirigido la Guardia Civil desde la política no han tenido la iniciativa de avanzar en un estatuto de ciudadanía plena, impulsando los cambios necesarios. Por otra parte, quienes han ejercido el mando militar no han sabido estar a la altura y se han dedicado, en la mayoría de las ocasiones, a impedir y reprimir cualquier atisbo de modernización y de avance en los derechos.

Ambas esferas, la política y la militar, han colaborado para impedir que pudiera prosperar cualquier intento de defensa de los intereses comunes de las personas que han conformado la Guardia Civil durante estos años.

Frente a este binomio, solo AUGC ha logrado cambiar el rumbo y poner en el centro de las políticas de personal a las personas. No ha sido fácil. Solo el profundo convencimiento de los dirigentes, el apoyo de una organización sólida y un trabajo inteligente han logrado revertir esta situación y amortiguar el permanente esfuerzo de los enemigos de los derechos de los y las guardias civiles. Han sido muchos los obstáculos: la represión penal y disciplinaria; los intensos intentos de impedir la inscripción como asociación, que se extendieron también a la etapa del asociacionismo profesional, a la pertenencia a organizaciones europeas de policías; la persecución de la unidad de acción con el SUP; los cambios normativos para limitar la acción asociativa y poner en la diana a los máximos dirigentes de la organización; etc. Son todas ellas acciones coordinadas y extendidas en el tiempo que se han desplegado para impedir que hubiera una asociación fuerte, con claridad de ideas, con medios y con fines, que trabajase por una Guardia Civil compartida, en la que las políticas que afectaban a sus miembros pudieran configurarse con su participación.

Uno de los instrumentos que han marcado la diferencia y que han sido determinantes en esta lucha por la plena ciudadanía ha sido la litigación estratégica. AUGC ha liderado la utilización de las iniciativas jurídicas; los resortes judiciales, parlamentarios y políticos, y la obtención de tutela judicial efectiva para, a su través, conseguir cambios y marcar líneas de progreso y de configuración legislativa y judicial, que han sido palanca de cambio para la modernización del estatuto de ciudadanía de los y las guardias civiles en estos treinta años.

No ha habido iniciativa de progreso que no haya sido diseñada y defendida por AUGC. Para ello, en muchas ocasiones, se han tomado decisiones comprometidas y arriesgadas, al límite de la prudencia y de la audacia. Se han combinado convicciones profundas de los órganos de gobierno y de toda la asociación con el trabajo inteligente y profesional de muchos hombres y mujeres que han integrado los servicios jurídicos de la organización y que, en muchas ocasiones, han trabajado desde un compromiso personal que ha ido más allá del mero cumplimiento de sus funciones.

AUGC ha sido y es un baluarte jurídico de los derechos de los guardias civiles. Pero también ha sido, es y será una auténtica reserva de los derechos fundamentales y de las libertades públicas de todos los ciudadanos y ciudadanas. La supresión de los arrestos, el nuevo marco regulador de los derechos y deberes, el régimen disciplinario, la no aplicación del Código Penal Militar, el derecho de asociación profesional, los cambios en la jurisdicción militar, la carrera profesional, la integración del derecho de igualdad, la lucha contra el acoso, la equiparación salarial, la persecución de la corrupción, la defensa de la vida de los guardias civiles frente al terrorismo y la delincuencia son todos ellos, entre otros, logros de AUGC en estos treinta primeros años de vida.

La lucha no ha acabado. Los mismos enemigos acechan. Los intentos de volver al pasado perduran y se mantienen en el tiempo. Después de compartir veintidós de los treinta años que celebramos como responsable de las estrategias jurídicas de AUGC, puedo decir, con orgullo y con convencimiento racional, que los valores fundacionales persisten y perduran y que las actuales generaciones de afiliados y de dirigentes conservan y mantienen la misma capacidad de lucha y de sacrificio. Y, lo que es más importante, sostienen la misma voluntad y determinación de ser motor de cambio en la Guardia Civil, incrementando la litigación estratégica como instrumento privilegiado de apoyo a sus reivindicaciones. La última acción inteligente que lo demuestra es trabajar, junto a otras organizaciones aliadas, en el entorno internacional, por el derecho a la sindicación, que cada vez está más cerca.

11 DE JULIO DE 2024
HITO HISTÓRICO DE LA ASOCIACIÓN UNIFICADA DE GUARDIAS CIVILES

A la finalización de este libro la Asociación Unificada de Guardias Civiles alcanzó un hito histórico logrando que el Congreso de los Diputados a través de la Ley Orgánica del Derecho de Defensa, admitiera el reingreso de los guardias civiles expulsados en 1997 por promover el clandestino Sindicato Unificado de la Guardia Civil (SUGC), siendo publicado en el Boletín oficial del Estado (BOE) número 275 de fecha 14 de noviembre de 2024.

Miembros de la Junta Directiva Nacional de AUGC, junto a José Morata y Alejandro Borja, frente el Congreso de los Diputados

Disposición adicional cuarta. *Rehabilitación a antiguos guardias civiles.*

1. Quedan rehabilitados de las sanciones de separación del servicio, en el sentido que más adelante se expresa, los militares de carrera de la Guardia Civil que fueron sancionados con anterioridad al 31 de octubre de 2001, tras la tramitación de los expedientes gubernativos números 4/89, 32/93, 47/93 y 48/93, que tenían entre sus causas de incoación la recogida en el apartado 3 del artículo 59 de la Ley Orgánica 12/1985, de 27 de noviembre, de Régimen Disciplinario de las Fuerzas Armadas, por llevar a cabo acciones de promoción y defensa de intereses de naturaleza profesional, en un ámbito distinto al del derecho de asociación profesional.

2. La rehabilitación de las referidas sanciones de separación del servicio se realizará a instancia de los mencionados en el apartado 1 o sus causahabientes, en un plazo máximo de dos meses desde la entrada en vigor de la norma, con reconocimiento del empleo que les hubiera correspondido por antigüedad. El tiempo de separación del servicio les será computado a todos los efectos, con excepción de la percepción de haberes. No obstante, se procederá a actualizar las pensiones que se vieran afectadas por este reconocimiento de servicios.

3. Los guardias civiles a los que se refiere la presente disposición pasarán a retiro en el caso que por edad les correspondiera el pase a otra situación administrativa prevista en la Ley 29/2014, de 28 de noviembre, de Régimen de Personal de la Guardia Civil.

cve: BOE-A-2024-23630
Verificable en https://www.boe.es

EL PAÍS

España

El PSOE, Sumar y CC presentan juntos en el Congreso la reforma de la ley de Extranjería, sin el PP

GUARDIA CIVIL

El Congreso aprueba la readmisión en la Guardia Civil de cuatro sindicalistas expulsados hace 27 años

La Cámara baja saca adelante sin votos en contra la rehabilitación de los agentes que impulsaron en los años 80 el clandestino SUGC

PABLO JULIÁ

ÓSCAR LÓPEZ-FONSECA

LEY ORGÁNICA DEL DERECHO A LA DEFENSA

Disposición adicional cuarta. Rehabilitación a antiguos guardias civiles.

1. Quedan rehabilitados de las sanciones de separación del servicio, en el sentido que más adelante se expresa, los militares de carrera de la Guardia Civil que fueron sancionados con anterioridad al 31 de octubre de 2001, tras la tramitación de los expedientes gubernativos números 4/89, 32/93, 47/93 y 48/93, que tenían entre sus causas de incoación la recogida en el apartado 3 del artículo 59 de la Ley Orgánica 12/1985, de 27 de noviembre, de Régimen Disciplinario de las Fuerzas Armadas, por llevar a cabo acciones de promoción y defensa de intereses de naturaleza profesional, en un ámbito distinto al del derecho de asociación profesional.

2. La rehabilitación de las referidas sanciones de separación del servicio se realizará a instancia de los mencionados en el apartado 1 o sus causahabientes, en un plazo máximo de dos meses desde la entrada en vigor de la norma, con reconocimiento del empleo que les hubiera correspondido por antigüedad.

El tiempo de separación del servicio les será computado a todos los efectos, con excepción de la percepción de haberes. No obstante, se procederá a actualizar las pensiones que se vieran afectadas por este reconocimiento de servicios.

3. Los guardias civiles a los que se refiere la presente disposición pasarán a retiro en el caso que por edad

les correspondiera el pase a otra situación administrativa prevista en la Ley 29/2014, de 28 de noviembre, de Régimen de Personal de la Guardia Civil.

RESUMEN DEL LIBRO

Este libro conmemora el 30.º aniversario de la Asociación Unificada de Guardias Civiles (AUGC), narrando su historia y esfuerzos por defender los derechos y mejorar las condiciones laborales de los guardias civiles en España. Desde sus inicios, enfrentándose a una institución regida por una estructura militar rígida, la AUGC ha abogado por la modernización y democratización de la Guardia Civil, luchando por la igualdad, la transparencia y el respeto a los derechos fundamentales. A través de litigios estratégicos y activismo, ha logrado avances significativos en equiparación salarial, reconocimiento de derechos sindicales y mejoras en las condiciones de trabajo y vida de los guardias civiles y sus familias.

Mirando hacia el futuro, la AUGC sigue comprometida con la causa de una Guardia Civil que respete plenamente los derechos de sus miembros, manteniendo su visión de progreso, igualdad y justicia. Este resumen conmemora el esfuerzo colectivo y la dedicación de aquellos que han contribuido a este importante cambio dentro de la Guardia Civil, subrayando la continua necesidad de esfuerzo y vigilancia para construir una institución más justa y democrática.